Karl-Otto Schmidt

SENECA

Der Lebensmeister

SENECA
Der Lebensmeister

Daseins-Überlegenheit
durch Gelassenheit

Ein Intensivkurs
weiser Lebenskunst
von
Karl-Otto Schmidt

DREI EICHEN VERLAG

Die erste Ausgabe dieses Seneca-Breviers erschien bereits 1933 als *„Wegleitung zur Kunst, weise und glücklich zu leben"*.

Weitere Informationen über den Verlag
finden Sie im Internet unter:
www.drei-eichen.de

ISBN 978-3-7699-0609-7
Verlagsnummer: 10609

17. Auflage 2016
Satz: www.satzstudio-drei-eichen.de • 97762 Hammelburg
Gesetzt aus der RotisSerif
Umschlaggestaltung: Manuel-V. Kissener, Hammelburg,
unter Verwendung einer Zeichnung von Peter-Paul Rubens

Inhalt

WEISHEIT DER STOIKER

„Ein Lebensmeister ist mehr
als tausend Lehrmeister.“
(Meister Eckehart)

Glücklich sein, das innerliche Sich-glücklich-Fühlen nennt Humboldt „eine Gabe des Schicksals. Sie kommt nicht von außen. Man muss sie sich, wenn sie dauernd sein soll, immer selbst erkämpfen. Zum Glück kann man es. Es kommt nur auf die Kraft des Entschlusses und einige Gewöhnung zur Selbstüberwindung an“.

Diese Worte könnte ein Stoiker geschrieben haben. In der Tat finden wir in den Lebensweisheiten der Großen der Menschheit viele Erkenntnisse der Stoiker wieder: Leitgedanken zur Daseinsüberlegenheit durch Gelassenheit, die es wert sind, für uns Heutige zu einem *Intensivkursus weiser Lebenskunst* zusammengefasst zu werden, wie es hier geschieht.

Als *Stoizismus* bezeichnet man jene Richtung der griechischen Philosophie, die von *Zenon* (336-264 v. Chr.) begründet wurde und den Menschen zur Standfestigkeit erzieht, gleich der der Säulen der ‚stoa poikile', der bunten Säulenhalle' in Athen, in der Zenon seine Schüler unterwies.

Die bekanntesten Stoiker waren nach Zenon *Chrysippos, Poseidonios, Kleanthes, Musenius, Seneca, Epiktet* und *Marc Aurel.* Die vier Letzteren gehören zur neuen Stoa. Unter ihnen war Seneca mithin der Reifste und Klarste. Seine Lehren und die Marc Aurels haben nicht nur auf die damalige Literatur, sondern auch auf das öffentliche Leben, die Gesetzgebung und die spätere römische Staatsreligion, das Christentum, einen starken Einfluss ausgeübt, weil die Stoiker das *lebten,* was sie lehrten.

Sie waren Erzieher zu jenem rechten Denken und Leben, das dauerndes Glück verbürgt. Sie lehrten Dinge und Umstände, Dasein und Schicksal von innen her zu bestimmen und dabei stets die innere Freiheit zu wahren:

„*Tun,* nicht reden“, lehrt die Philosophie. „Weisheit ist das höchste Gut. Die Philosophie ist das Streben danach, die Erlernung der *Tugend*“, unter der Seneca rechte Gesinntheit verstand, vernunftgemäßes Leben und die Richtung des Willens auf das Gute als das Naturgemäße.

„Die Stoiker sorgen nicht dafür, dass der Weg zur Höhe, denen, die ihn betreten, anmutig erscheine, sondern dass er so schnell wie möglich auf jenen erhabenen Gipfel hinaufführe, der über das Schicksal hinausragt.“

Dieser Höhenweg führt zu gelassener Übereinstimmung mit der Weltvernunft, mit dem Geist des Lebens und zur Einsicht in den ursächlichen Zusammenhang allen Geschehens. Der Mensch ist ein Teil der Natur wie der Gottheit. Und sein Glück hängt davon ab, dass er mit beiden in Übereinstimmung lebt.

SENECA ALS LEBENSLEHRER

Der Schriftsteller, Philosoph und Staatsmann *Lucius Annaeus Seneca,* im Jahre 4 v. Chr. zu Corduba in Spanien, als Sohn eines Römers geboren, verbrachte seine Jugend in Rom, wo er eine sorgfältige Erziehung genoss und sich früh durch seelische Reife und geistige Überlegenheit auszeichnete. Nach Abschluss seiner Erziehung unternahm er eine längere Reise nach Ägypten, wo er sich die pythagoreïsche Denkweise, der Ehrfurcht vor dem Leben, des Verzichts auf Fleischgenuss und der Furchtlosigkeit vor dem Tode – im Gewisssein der Wiederkehr – zu eigen machte.

Nach seiner Rückkehr beschritt er in Rom die Laufbahn eines kaiserlichen Beamten und Würdenträgers und stand bald als Anwalt und Redner in hohem Ansehen. Im Jahre 41 wurde er von Claudius nach Korsika verbannt, wo er Zeit fand, sich als Schriftsteller zu entfalten. Hier entstanden neben einigen Tragödien seine lebensphilosophischen Schriften. Im Jahre 49 wurde er nach Rom zurückberufen und von Julia Agrippina, der zweiten Gemahlin des Kaisers Claudius, zum Erzieher ihres Sohnes *Nero* bestimmt, bis dieser im Jahre 54 zum Kaiser ausgerufen wurde.

Seneca stand Nero weiterhin als Berater und schließlich als Kanzler zur Seite. Er lehrte ihn Güte und Milde als Ausdruck der Weisheit und rechter Machtanwendung, doch konnte er den zwielichtigen Charakter und die psychopathische Veranlagung des Kaisers nicht ändern, die zunehmend in Erscheinung trat und Nero dazu trieb, dass er seine Mutter ermorden ließ.

Neidern des nicht nur an Geist, sondern auch an Macht und Besitztümern reichen Philosophen gelang es schließlich, Seneca bei Nero zu verdächtigen, worauf Seneca sich im Jahre 62 zurückzog. Drei Jahre später, als der Wahnsinn des Cäsaren offen ausbrach, verurteilte Nero Seneca wegen angeblicher Teilnahme an der Pisonischen Verschwörung zum Tode durch die eigene Hand. Seneca nahm das Urteil mit der Gelassenheit entgegen, die er zeitlebens gelehrt und gelebt hatte, ließ sich im Bad die Pulsadern öffnen und ging unter Gesprächen mit Freunden lächelnd von dannen – seinen Feinden noch im Tode überlegen.

Mit ihm verlor Rom seinen größten Prosadichter und bedeutendsten Ethiker, dessen Schriften in ihrer Tendenz dem Geist des Christentums nahe kamen. Sie erfreuten sich nicht nur der Zustimmung von Kirchenvätern wie *Hieronymus* und Humanisten wie *Erasmus*, sondern unzähliger Philosophen, Lebenspraktiker und Dichter bis heute, die seine Worte über die Lebensweisheiten der Stoiker bestätigten: „Sie rauben dir keine Zeit, sondern bereichern deine Zeit und dein Wesen. Das Gespräch mit ihnen ist segenbringend, ihre Freundschaft lebenfördernd. Sie sind Vorbilder, denen nachzueifern beglückt.

SKLAVE ODER HERR DER DINGE?

Was Seneca uns lehren kann, ist die Treue gegenüber uns selbst – zu dem Gott in uns – und gütige Duldsamkeit gegenüber unseren Mitmenschen:

„Weisheit lehrt, das Göttliche zu verehren und das Menschliche zu lieben. Anhaltende Güte überwindet das Böse. – Um im Wechsel von Glück und Unglück der gleiche zu bleiben, aus allem zu lernen und an Weisheit zu gewinnen, ziehe dich oft in dich selbst zurück. Ziel deines Strebens sei, ein lebendiges Ebenbild Gottes zu werden und mehr der inneren Stimme zu gehorchen, als den Lockungen der Dinge zu folgen. Lege täglich Rechenschaft ab über dich selbst und sorge, dass dein Streben immer dem Guten gilt. Gut ist, was dich besser und tüchtiger und die Menschen um dich glücklicher macht. Wer so lebt, wird zum Herrn der Dinge und Geschicke."

Der Kulturphilosoph *Rudolf Eucken* stellt in seinem Werk ‚Die Weltanschauung der großen Denker' fest, dass die Stoiker unvergleichlich viel für die Lösung des Lebensproblems getan haben, vor allem durch die wissenschaftliche Begründung der Ethik. Er schreibt: „Der Mensch ist ein Glied der Welt, die ein Reich der Vernunft, ein System sinnvoller Ordnung und strenger Verkettung ist. Er ist durch seine Natur befähigt, die All-Vernunft zu erfassen. Er kann sich zwiefach verhalten: Er kann ohne eigene Regung das Weltgeschehen über sich ergehen lassen oder sich des Weltgedankens bemächtigen, seine Notwendigkeit durchschauen und sie damit in Freiheit verwandeln. ... –

Hier ist der Punkt, der eigenen Entscheidung: ob das, was geschehen muss, ohne und gegen ihn oder mit seiner Zustimmung geschieht. Das verändert ganz und gar den Charakter seines Lebens, das macht ihn entweder zum Sklaven oder zum Herrn der Dinge."

Der Gedanke der Weltvernunft kann – nach Eucken – „nur dann Freiheit und Glück gewähren, wenn unser ganzes Sein in *Denken* verwandelt und alles aus ihm entfernt wird, was uns fremden Gewalten unterwirft. Das aber tut das Gefühl mit seinen Affekten, indem es uns in Sorgen und Leiden des Daseins verstrickt – vor allem durch falsche Einschätzung der Dinge. Denn die Leiden, wie das ganze äußere Dasein, haben Macht nur über den, der ihnen durch sein Denken Wirklichkeit verleiht, wie der Stoiker lehrt: ‚Nicht die Dinge beunruhigen uns, sondern unsere Meinungen über die Dinge. ...' –

So wird das Denken zum Handeln, zur *Denkhandlung*, die die Weisheit und die Tugend in eines verschmilzt. Diese Denkhandlung allein gewährt echtes Glück. Aber die Schwere der Aufgabe entging den Stoikern nicht. Für sie ist Leben Kampf – gegen die falsche Wertung der Dinge und gegen die Gefahren im eigenen Wesen."

LEHRMEISTER GELASSENEN LEBENS

Eucken sah in der Philosophie der Stoiker eine hilfreiche Waffe im Kampf des Lebens, vor allem gegen die Unruhen, Sorgen und Leiden des Daseins. Diese Waffe ist „die Einkehr ins eigene Innere, die Entfaltung des Göttlichen, das jedem Menschen innewohnt, die Befreiung von Übeln und den Gewinn eines reinen Glücks sichert. Sie erhebt die Ewigkeit einer unsichtbaren Ordnung aus einer Hoffnung zu voller Gewissheit und bewirkt, dass der Mensch sich über die Nichtigkeiten des Alltags erhebt und wie auf einem Berge lebt.“

In vollem Umfang gilt dies auch von der Lebenslehre Senecas, in der sich die Weisheit Ägyptens mit der Philosophie Griechenlands und Roms zu einer *praktischen Lebensweisheit* verbindet, die jedem helfen kann, sich selbst zu helfen. Wer Senecas Weisungen folgt, hat die beste Aussicht, zu einem in jeder Hinsicht erfolgreichen Lebensmeister zu werden.

„Ich habe mich“, schreibt Seneca, „nicht nur von den Menschen, sondern auch von den Dingen zurückgezogen, um recht vielen nützen zu können. Der Nachwelt gilt meine Sorge; für sie schreibe ich nieder, was ihr dienlich sein kann: heilsame Ermahnung und Rezepte zur Selbsthilfe. Dass sie im täglichen Leben wirksam und hilfreich sind, habe ich an meinen eigenen Schäden erfahren, die, wenn sie auch nicht völlig geheilt sind, doch aufgehört haben, weiterzugreifen und mich zu behelligen. Den rechten Weg, den ich erst spät kennengelernt habe, zeige ich jetzt anderen. ...

... Denn Erkenntnisse, die ich nur für mich alleine besitze, ohne teilnehmende Genossen, würden mir keine Freude machen, und seien sie noch so heilsam. ...

... Nur weniges ist es, was ich zu sagen habe; aber wenn die Seele es aufnimmt, erstarkt es und mehrt sich. Es wächst im Wirken. Es ist wie bei den Samenkörnern: Sie sind klein und wirken doch Großes; um sie zu bemerken, muss das Gemüt aufnahmewillig sein und sie innig umschließen. Dann wird es ein Vielfaches erzeugen und mehr wiedergeben, als es empfangen hat.“

Wenn Senecas Lebensweisheit hier in abgemessenen Dosen verabfolgt wird, so deshalb, weil sie ein Lebenselixier ist, das erfahrungsgemäß um so heilsamer wirkt, je geringer und feiner dosiert die einzelnen Gaben sind und je nachhaltiger seine verborgene Heilkraft sich im Gemüt entfalten kann. Wichtig ist, dass wir täglich einige Tropfen dieses Elixieres, mit seinen aufnahmefördernden Zusätzen, zu uns nehmen und, auf unser Denken und Fühlen, Trachten und Tun, einwirken lassen. Umso sicherer aktiviert und mehrt es die innere Festigkeit und Gelassenheit, das Selbstvertrauen und den Lebensmut, wie sich im Weiteren zeigen wird.

GLÜCKSELIG LEBEN

Seneca nennt glücklich nicht den, der anderen so vorkommt, sondern den, der sich selbst glücklich weiß, richtig denkt und urteilt, mit dem Bestehenden zufrieden ist und das, was er ist, gutheißt und bejaht:

„Glückselig zu leben wünschen alle; aber die Grundlagen solchen Lebens erkennen nur wenige. Es ist auch nicht einfach, dazu zu gelangen; wer einmal den Weg verfehlt hat, kommt leicht immer weiter davon ab. Man muss sich daher zuerst klar werden, was man ersehnt, um alsdann den Weg zu beschreiten, der am raschesten ans Ziel führt. Einmal auf dem rechten Wege, sieht man bald, wie viel des Weges man täglich zurückgelegt hat und wie weit das Ziel noch entfernt ist.

Nichts wirft uns zurück auf dem Wege zum Glück, als dass wir uns nach dem Gerede der Leute richten und, statt nach unserer Überzeugung, nach dem Beispiel der Umwelt leben. Mehrheit ist selten Wahrheit. Wir müssen uns selbst fragen, was am besten zu tun sei. Wir müssen das suchen, was als gut erprobt ist, was nicht nur auf der Außenseite gut erscheint, sondern gehaltvoll, in sich gleich bleibend und auf der verborgenen Seite noch schöner ist als auf der sichtbaren.

Wie alle Stoiker halte ich mich an die Natur. Von ihr nicht abirren und nach ihrem Gesetz und Vorbild leben, ist

Weisheit. Glücklich ist also ein Leben, das mit der Natur im Einklang steht, wozu nötig ist, dass der Geist gesund, kräftig und entschlossen ist, zudem rein und gelassen, sich in die Umstände fügend, auf seinen Körper und dessen Bedürfnisse sehend, jedoch ohne ängstliche Sorge, auch die übrigen zum Leben gehörenden Dinge nicht vernachlässigend, ohne auf irgendeines großen Wert zu legen, bereit, die Gaben des Glücks zu nützen, ohne ihr Sklave zu werden.

Du siehst, dass daraus beständige Gemütsruhe und innere Freiheit erwachsen müssen. An die Stelle bloß sinnlicher Genüsse und all dessen, was kleinlich, vergänglich und darum leidvoll ist, tritt unerschütterliche Freude, Friede und Harmonie der Seele, gepaart mit Sanftmut, denn Rohheit stammt stets aus Schwäche.

Ein glückseliges Leben ist also jenes, das auf rechter Lebensansicht beruht. Dann nämlich ist die Seele ungetrübt und frei von Übeln und sich ihrer unüberwindlichen Kraft voll bewusst, wenn sie sich über Verletzungen und Quälereien gleichermaßen hinwegsetzt, entschlossen stehenzubleiben, wo sie einmal Fuß gefasst hat und ihren Platz, allen Stürmen des Geschicks zum Trotz, behauptet."

Dann gelangt sie zur Freiheit und Schicksalsüberlegenheit und hat jene Gelassenheit und Erhabenheit der Seele gewonnen, der unerschütterliche Freundlichkeit und Heiterkeit des Gemüts zueigen ist.

SENECA UND MARC AUREL

Wie Seneca erkannte auch *Marc Aurel*, dass die Fähigkeit, ein glückliches Leben zu führen, unserem Wesen angeboren ist. Wir müssen nur auf das achten, was wir denken, sprechen und tun.

Der Stoiker auf dem Kaiserthron, Marcus Aurelius Antonius, im Jahre 121 n. Chr. in Rom geboren, erregte ähnlich wie Seneca schon früh durch seinen glänzenden Geist die Aufmerksamkeit der römischen Gesellschaft, sodass er, auf Weisung *Hadrians*, von *Antonius Pius* adoptiert wurde, dessen Tochter heiratete und an den Regierungsgeschäften aktiv teilnahm. Daneben wandte er sich nach Bekanntwerden mit den Lehren Senecas und *Epiktets*, ganz der stoischen Philosophie zu, der er auch treu blieb, als er im Jahre 161 die Regierung übernahm, die bis zum Jahre 180 in seinen Händen lag.

Kein römischer Kaiser hat für die Wohlfahrt des Volkes so viel getan wie Marc Aurel, der, bis zu seinem Tode im Jahr 180 in Wien, gleich Seneca *das lebte*, was er glaubte und lehrte.

Im Mittelpunkt seiner Lehre, deren Kerngedanken er in seinen „Selbstbetrachtungen" niederlegte, steht die Erkenntnis der Leib-Seele-Geist-Einheit und der Teilhabe des menschlichen Geistes am göttlichen Sein, die den Menschen verpflichtet, sich einer weisen und edlen Lebenshaltung zu befleißigen und nach Selbsterkenntnis und Selbstverwirklichung zu streben.

Sein Ideal war das des *Plato:* „Die Völker werden erst dann glücklich sein, wenn die Weisen die Geschicke der Völker lenken oder wenn die Leiter der Völker Weise sind."

Ganz im Geiste Senecas lehrte er, dass alles im Leben auf Meinung beruht, alles eine Frage der Einstellung ist. *Alexander der Große* und sein Maultiertreiber hatten bei ihrem Tode das gleiche Schicksal. Wer am längsten lebt und wer früh stirbt: Beide verlieren gleich viel. Wie eng begrenzt ist das Teil der unendlichen Zeit, das dir zugemessen ist und das Stückchen Erde, auf dem du umherkriechst. ..."

Diese Einsicht leitet zur Duldsamkeit und zum Gutsein: „Die Menschen sind füreinander geboren; also belehre sie oder dulde sie und tue das Gute. Denn, wer sündigt, versündigt sich zuerst an sich selbst, und wer Unrecht tut, schädigt sich selbst. Wer aber anderen beisteht, gewinnt auch für und in sich selbst besseren Halt."

Gedanken Marc Aurels werden im Weiteren dort zitiert, wo sie Senecas Worte nach der lebenspraktischen Seite hin unterstreichen oder ergänzen und vertiefen.

LEBEN LERNEN!

Warum hört man so manchen, von seiner Arbeit, seinen Ämtern, Aufgaben und Verpflichtungen voll in Anspruch Genommenen, klagen: ‚Ich komme nicht zum Leben!'? – „Weil", wie schon Seneca klarstellt, „alle die dich in Anspruch nehmen, dich dir selbst entziehen. Überprüfe die Tage deines Lebens – und du wirst sehen, wie wenige auf deinem Konto verbleiben, die dir selbst gehören. ... – Wer hingegen richtig lebt, jeden Augenblick nützt und jeden Tag so einrichtet, als wäre er der letzte, *der lebt im ewigen Jetzt.*

Lehrer in den Künsten und Wissenschaften gibt es genug, leben aber muss man das ganze Dasein hindurch selbst lernen, bis man darin Meister ist. Auf diesem Wege ist, wer dazu gelangt, sich nichts von seiner Zeit nehmen zu lassen: Sein Leben ist das längste und reichste, weil es, einerlei, wie weit es sich ausdehnt, *ganz ihm selbst* gehört. Nichts davon lag brach, nichts war anderen unterworfen.

So viele drängen stürmisch vorwärts und leiden an der Sehnsucht nach der Zukunft, am Überdruss der Gegenwart. Wer hingegen alle Zeit zu seinem Gebrauch verwendet und *jeden Tag so ordnet, als wäre er ein ganzes Leben,* der wünscht weder den folgenden, noch fürchtet er ihn.

Aus grauen Haaren und Runzeln muss man noch nicht schließen, dass einer lange gelebt habe; er hat nur lange existiert. Ich wundere mich immer, wie viel Zeit ihres Lebens manche anderen Leuten schenken. So behandelt man die kostbarste Sache, als wäre sie nicht. Betrachte aber die gleichen Leute wenn sie krank sind und der Tod näher rückt: Dann sind sie bereit, alles zu opfern, um fortleben zu können. – Welch ein Widerspruch!

Niemand bringt dir verlorene Jahre wieder, niemand gibt dich dir selbst zurück. Du bist geschäftig, dein Leben eilt dahin; inzwischen wird der Tod erscheinen, für den du, ob du willst oder nicht, Zeit haben musst. ...

Die meisten richten ihr Leben auf Kosten ihres Lebens ein und planen für die *Zukunft.* In diesem Hinausschieben liegt der Fehler: Es entreißt dir die *Gegenwart.* Das größte Hindernis glücklichen Lebens ist die Erwartung, die vom Morgen abhängt. Du verlierst den heutigen Tag. Was in der Hand des Schicksals liegt, suchst du zu ordnen – was in der Deinigen liegt, lässt du fahren. Wie falsch denkst du?!

Alles, was in der Zukunft liegt, ist ungewiss; darum *lebe den Augenblick!*

Vergil, der große Dichter, warnt dich: ‚Immer der beste Tag aus des Sterblichen Leben fliehet zuerst.' –

Was also zauderst du? Wenn du nicht den Augenblick ergreifst, entschwindet er dir. Wetteifere darum mit der Eile der Zeit durch Schnelligkeit der Benutzung und lerne nicht auf bessere Zeiten zu warten, sondern den Tag zu nutzen."

So weit Seneca. Für den, der so lebt, ist jeder Morgen der Beginn eines neuen Lebens!

WIE MAN EIN LEBENSMEISTER WIRD

„Weise Lebensführung", sagt Seneca, „gelingt keinem durch Zufall. Geld kann unerwartet hereinströmen, eine

Ehre kann dir angetragen werden, Einfluss und Rang kann dir unversehens zuteilwerden; aber sittliche Vollkommenheit, geistige Lebensreife und Daseinsmeisterung fallen dir nicht von ungefähr zu. Man muss sich zeitlebens darum bemühen".

Und wie wird man ein Lebensmeister? – Die meisten Menschen sind Opfer ihrer selbst geschaffenen oder übernommenen Täuschungen. Sie sehen Unheil und Gefahren wachsen, während doch nur ihr Wahn wächst und ihren Seelenspiegel trübt. Sie leben sorgen- und angstgejagt der Zukunft entgegen, statt das Glück der Gegenwart auszuschöpfen und dadurch die glückliche Zukunft zu sichern.

Seneca meint hierzu: „Die Welt ist weder vollkommen noch unvollkommen, sondern das, was wir aus ihr machen. Je nachdem, wie wir die Dinge ansehen, erscheinen sie uns gut oder schlecht, erquicken oder quälen uns. Sie haben stets den Wert und die Wirkung, die wir ihnen zudenken. An sich sind sie weder gut noch böse; *erst unser Denken* macht sie glücklich oder Unheil bringend."

Das meiste Unglück gebiert die falsche Meinung, dass Unglück sein müsse. Man schämt sich nicht, von Leiden, Krankheit oder Unglücken aller Art zu reden. Würde sich jeder dazu erziehen, nur vom Guten, Beglückenden zu sprechen – alle wären glücklicher! Denn wir ziehen herbei, was wir vorwiegend denken und aussprechen. Durch rechtes Denken können wir Leid und Missgeschicke so gut von uns fernhalten wie Missstimmung und Krankheit.

Glücklich ist nach Seneca nur, wer sich um Weisheit bemüht und danach handelt: „Gewiss gibt es hier viele Stufen und auch unter den fortgeschrittenen Schülern der Weisheit große Unterschiede. Bei unserem Streben nach Vervollkommnung hindern uns unsere Denkfehler. Aber welch herrliche Belohnung erwartet uns, wenn wir sie abschütteln. Begierde und Furcht können uns dann nicht mehr zum Nachgeben verleiten; Schrecknisse werden uns unbewegt lassen; der Hang zu sinnlichen Vergnügungen wird uns nicht mehr in die Irre führen; und wir werden den Tod so wenig fürchten, wie die Götter. Wir werden die beglückende Erfahrung machen, welch unschätzbaren Wert es hat, Herr über uns selbst zu sein. Denn wer Herr über sich ist, ist auch Meister seines Lebens.

Du weißt, in welcher Knechtschaft einer steht, den Sinnenlust und Schmerzen – beides kraftlose Gebieter – abwechselnd in Beschlag nehmen. Darum muss man sich durchringen zur *Freiheit;* diese aber erringt man nur durch die Erweckung des Bewusstseins der *Schicksalsüberlegenheit.* Dann wird uns jenes unschätzbare Gut zu eigen: Gelassenheit und Erhabenheit der Seele, die einen höheren Standpunkt gefunden, die sich zu fürchten verlernt hat, die aus der rechten Wahrheitserkenntnis ungestörte Freude gewinnt, stete Freundlichkeit und Heiterkeit des Gemütes."

PHILOSOPHIE ALS LEBENSKUNST

Um richtig zu leben, das Notwendige zu tun und das Hemmende zu lassen, muss man ein Philosoph sein. Was ein Philosoph ist, sagt uns Seneca:

„Es ist ein Geschenk der Götter, dass wir leben. Dass wir aber richtig und sittlich gut leben, verdanken wir der Philosophie. ... – Die Kenntnis der Lebensweisheit zwar haben die Götter keinem verliehen, *allen* aber die Anlage dazu. Beim Einzelnen liegt es, was er mit ihr anfängt. Schließlich verdankt man den Grad seiner Weisheit, seiner Rechtgesinntheit und Gesundheit nur sich selbst. Niemand kann sie von anderen empfangen. Man wendet sie auch nicht als Zeitvertreib an oder um Untätigkeit erträglich zu machen. Sie will und soll uns innerlich formen und bilden. Sie muss unser Leben regeln und unser Tun leiten. Sie steht am Steuer und lenkt unsere Lebensfahrt. Sie verbürgt uns ein Leben ohne Furcht; sie gibt, weil sie nicht Lehre, sondern Tat ist, Sicherheit auf unserem Wege, Gelassenheit und die Fähigkeit der Lebensmeisterung.

Man erlernt sie nicht aus Büchern, sondern in der Schule des Lebens. Bücher können nützliche Wegweiser sein, wenn man nicht *viele*, sondern *gute Bücher* liest und beim Lesen eine klare Richtung einhält. Wechselnde Lektüre zerstreut nur.

Sammle dich allezeit auf das Wesentliche und dir Gemäße! Das lässt zwischen dir und der Masse einen wachsenden Abstand entstehen. Was Gott in der Ewigkeit schuf, musst und kannst du mit der Zeit erreichen. Welch ein Gewinn, wenn einer, trotz der gebrechlichen menschlichen Natur, die Sicherheit eines Gottes besitzt!

Unglaubliche Kräfte ruhen in der Philosophie, mit denen man alle Eingriffe des Zufalls wirkungslos machen kann. Man kann sie wie eine uneinnehmbare Mauer um sich herum aufbauen, die von außen her, auch mit dem Aufwand vieler Kampfmaschinen, nicht durchbrochen werden kann. Wer sich um äußere Dinge und Umstände nicht mehr sorgt und sich in seiner Burg stark weiß, der befindet sich in einer unbesiegbaren Stellung.

Das Schicksal hat nicht den langen Arm, den man ihm zuschreibt: Es hat nur Gewalt über Menschen, die sich an das Schicksal klammern oder es fürchten. Daher gilt es Abstand zu gewinnen, indem wir die Natur und uns selbst klar erkennen, uns bewusst werden, woher wir kamen und wohin wir gelangen wollen, was gut und was schlecht ist für uns, was als gottwürdig zu erstreben und was zu meiden ist. All das lehrt uns die Philosophie als Lebenskunst."

Darum ist sie das wichtigste Fach in der Schule des Lebens. Mark Aurel vergleicht sie treffend mit der Fechtkunst, „mit der die Lebenskunst mehr Ähnlichkeit hat als mit der Tanzkunst, insofern man stets auf unvorhergesehene Streiche gefasst sein und unerschütterlich fest stehen muss."

SCHULE DES LEBENS

Es gibt, nach einem Philosophen-Wort, „vieles, was das Leben angenehm und reich macht, aber nur eines, was es groß macht: *Das ist die Größe dessen, der es lebt*".
Groß und dem eigenen Wesen gemäß zu leben lernt man in der Schule des Lebens, in der die Schüler durch Widerstände erprobt werden.

„Man muss", wie Seneca sagt, „solange lernen, als man noch Mangel an Kenntnissen hat, also, solange man lebt. Vor allem muss man, solange man lebt, lernen, *wie* man leben soll. Im Gewisssein, dass Gott auf das Wohl und das Vollkommenerwerden des Menschen bedacht ist, gilt es Schwierigkeiten furchtlos entgegenzutreten, sie als Ansporn und Prüfungen zu werten und an ihnen unsere Willigkeit zu beweisen, sie zu meistern. Den guten Steuermann lernt man im Sturm kennen, die Tauglichkeit und Kraft des Menschen, wenn Widrigkeiten seinen Weg kreuzen."

Das Trostvolle dabei ist, dass unser Lernvermögen unbegrenzt ist: „Du kannst so viel fassen, wie du willst. Je mehr du in dich aufnimmst, desto größer wird dein Fassungsvermögen. Gott wendet in der Lebensschule das gleiche Prinzip an, wie ein Lehrer bei seinen Schülern: Er verlangt ständig höhere Leistungen – vor allem von denen, auf die er die meisten Hoffnungen setzt.

Was ist also verwunderlich, wenn die göttliche Führung edlen Geistern größere Prüfungen auferlegt als den anderen? – Tapferkeits- und Leistungserprobungen können nie schonend sein. Darum sollten wir uns dem göttlichen Lehrer, der es doch gut mit uns meint, bereitwillig zur Verfügung halten und uns vom Schicksal abhärten lassen. Nach und nach werden wir uns dem Schicksal gewachsen und schließlich überlegen fühlen.

Ein Baum ist nur dann fest und widerstandsfähig, wenn er oft vom Wind zerzaust wird, denn dann wurzelt er immer tiefer und steht immer unerschütterlicher da. Genau so lerne du, Schicksalsschläge gleichmütig standhaltend zu ertragen."

Denke auch nie, du seiest zu alt, um weiterhin etwas dazuzulernen, du habest bereits die volle Reife erlangt. Keiner hat in der Lebensschule je ausgelernt, keiner kann nicht noch vollkommener und tüchtiger werden, wenn er nur seiner inneren Kraft vertraut.

Marc Aurel sagt von dieser Kraft, „dass sie einem gewaltigen Strome gleicht, der alles mit sich fortreißt, weshalb derjenige weise handelt, der dem inneren Rufe folgt und tut, was der göttliche Genius in ihm fordert. Er tut damit, was Religion und Philosophie von ihm fordern und was seinem Wesen gemäß, seinem Wohle dienlich ist. Er erfüllt sich mit Willigkeit und Gelassenheit gegenüber allem, was zwischen Tugend und Laster liegt und folgt dem Willen der Gottheit. – Damit aber wird er mächtiger als das Schicksal!"

MÄCHTIGER ALS DAS SCHICKSAL

Ein schicksalsüberlegener Meister seiner selbst und seines Lebens kann jeder werden, der seinem inneren Genius folgt. Jeder trägt alle Glücksmöglichkeiten des Daseins in sich; er muss sie nur erkennen und zur Entfaltung bringen.

Wie groß diese Möglichkeiten sind, verrät uns unsere *Sehnsucht.* Wer noch Sehnsucht nach Besserem fühlt, birgt Keime künftiger Meisterschaft in sich. Aber Sehnsucht allein trägt nicht ans Ziel; sie ist nur ein Wegweiser. *Gehen musst du den Weg selbst!* Er führt mit Sicherheit zu wachsender Überlegenheit gegenüber allen äußeren Dingen und Umständen:

„Auf Zerbrechliches stützt sich, wer an Dingen hängt, die von außen kommen, denn alles, was an Freuden von dort kommt, zieht auch wieder hinaus. Was aber *aus uns selbst* entsprungen ist, ist treu und fest, nimmt zu und begleitet uns bis ans Ende. Das Übrige, was der großen Masse Bewunderung entlockt, ist nur fruchtbringend, wenn der, der es besitzt, zugleich *sich selbst* in Besitz hat und nicht der Sklave seiner Habseligkeiten ist.

Es irrt, wer wähnt, dass das *Schicksal* uns irgendein Gut oder Übel zuteile. Es gibt nur den Stoff dazu, nur den Keim von Dingen, die bei uns - und durch uns - zu einem Gut oder Übel erwachsen. *Denn mächtiger als das Schicksal ist die Seele:* Sie formt alle Dinge nach ihrem Willen und ist sich selbst die Ursache zu einem glücklichen oder unglücklichen Leben.

Der Unweise wendet alles zum Schlechten, auch, was mit dem Schein des Besten gekommen ist. Der Weise und Rechtschaffene hingegen verbessert das Schlimme des Schicksals, mildert das Harte und Herbe, indem er das Angenehme dankbar und bescheiden, das Widerwärtige standhaft und gelassen, hinnimmt.

Dem, der so handelt, kann nichts Widriges widerstehen. Eine solche Seelenhaltung gewinnt, wer bedenkt, was alles der Wechsel menschlicher Dinge zur Folge hat, noch *ehe* er ihn erfährt; wer seine Lieben und seine Güter besitzt, als werde er sie nicht immer besitzen, der wird nicht unglücklicher sein, wenn sie ihm entgleiten.

‚Vergänglich ist jedes Gut der Sterblichen', sagt *Metrodorus*. Das gilt von den Gütern, nach denen alles rennt, um sie zu erhaschen. Und dasselbe gilt von der Furcht, sie wieder zu verlieren. *Mehr* leidet, als notwendig ist, wer *eher* leidet, als nötig ist. ... –

Das *wahre Gut* aber stirbt nicht; es ist sicher und unvergänglich: Es sind dies Weisheit und Tugend. Diese allein werden uns als etwas Unsterbliches zuteil. Sonst aber ist es so: Was immer es auch ist, dessen ‚Besitzer' du dich nennst – es ist nur bei dir, es ist nicht dein."

Das einzige, was dein ist, *bist du selbst*. Und das einzige, was dich in allem Wandel und Wechsel der Dinge oben hält, ist der *Mut zu dir selbst*.

MEHR MUT ZU DIR SELBST

Wie das rechte Denken der Anfang der Lebensweisheit ist, so ist die Tapferkeit ihre Vollendung, denn, wie *Demosthenes* sagt: „Durch dieses wird, was zu tun ist, geprüft. Durch jene wird es gesichert."

Wer richtig zu denken gelernt hat, kann allem standhalten, wie Seneca lehrt und wie Marc Aurel gleich ihm darlegte und demonstrierte:

„Lass dich nie durch die Betrachtung deines Lebens in seiner Gesamtheit entmutigen, und fasse nicht alle Unannehmlichkeiten, die dich treffen könnten, nach Beschaffenheit und Menge auf einmal in Gedanken zusammen, sondern frage dich vielmehr bei *jedem* einzelnen Vorfall, was daran etwa nicht zu ertragen wäre. Nun erkenne, dass weder das Vergangene noch das Zukünftige, sondern immer nur das Gegenwärtige dich bedrücken kann, dass es aber gemildert wird, wenn du bedenkst, wie kurz es ist und du dich auf die Kraft deiner Seele besinnst.

Denke nie, wenn etwas schwer erscheint, dass es dir nicht möglich sei, es zu meistern, denn wenn etwas irgendeinem Menschen möglich war, ist es auch für dich erreichbar! Wage dich darum mutig an Dinge, an deren Durchführbarkeit du anfangs zweifelst, und vertraue der Überlegenheit der inneren Kraft über die äußeren Dinge und Umstände!

Sieh alles mit furchtlosen Augen an, da die äußeren Dinge dein inneres Wesen nicht berühren können und Störungen deines Seelenfriedens nur in deiner Einbildung bestehen.

Dieser *Mut zu dir selbst* befähigt dich, sorgenfreier zu leben und mit zunehmender Gelassenheit jeweils das zu tun, was der Augenblick erfordert, festen Schrittes deinen Weg zu gehen und, wenn die die Einsicht ob der rechten Richtung fehlt, in die Stille zu gehen und dem Genius in dir zu folgen. Denn die äußeren Umstände, die du mit Furcht oder Hoffnung fliehst oder suchst, kommen *nicht zu dir*, sondern *du* kommst gewissermaßen *zu ihnen*. Bekümmere dich darum nicht um sie, denn dann bleiben sie, wo sie sind und können dir nichts anhaben.

Wenn du so denkst und handelst, kannst du am Abend jedes Tages glückbewusst bekennen:

‚Heute habe ich wiederum alle Hindernisse und Widrigkeiten überstanden, weil ich sie in mir überwand. Ich bewahre Gelassenheit gegenüber dem, was von äußeren Ursachen herrührte und Gerechtigkeit und Weisheit gegenüber dem, was durch mich selbst bedingt war. So begründete ich heute mein Wohlergehen und werde es morgen und weiterhin ebenso tun.'

Weise handelt, wer seine Seele vor jeder Richtung bewahrt, die eines denkenden Wesens unwürdig ist und seine Tätigkeit auf das beschränkt, was notwendig und gut ist."

DAS TUN ENTSCHEIDET

Jedes Leben ist wert, gelebt zu werden; aber es muss recht gelebt werden. Richtig gelebt wird das Leben erst, wenn man Seneca folgt und die „Weisheitslehren so in sich aufnimmt, dass die Einsichten, Ideale und Worte *zu Taten* werden. Denn das Schlimmste, was ein Philosoph tun kann, ist, dass er anders lebt, als er nach seiner Lehre leben sollte und nicht durch sein Tun bestätigt, was er mit Worten verkündet.

Wenn du dich stark fühlst und für würdig hältst, ein ‚Eigener' zu sein, dann beweise das, was du als recht betrachtest und aussprichst, durch die Festigkeit deines Willens, durch die Minderung deiner Begierden, durch die Realisierung deines Wollens und durch dein Handeln. Denn das ist die große Aufgabe in der Schule des Lebens und das Kennzeichen der Reife, dass die Taten mit den Worten in Einklang stehen und der Weise sich selbst überall gleich ist.

Man soll das Leben an den Taten messen, nicht nach der Zahl der Jahre. Bedenke den Unterschied zwischen einem geistig beweglichen Menschen, der in einer kurzen Lebensspanne alle Aufgaben des Daseins meisterte und einem anderen, an dem viele Jahre vorübergezogen sind. Der Eine lebt noch nach seinem Tode, der andere ist schon vor seinem Tode gestorben.

Der eine ging den eigenen Weg, der andere den der meisten, die sich ständig vorbereiten, *demnächst* zu leben und damit *am Glück vorbei leben*, das sich nur im *Jetzt* ergreifen lässt – durch rechtes Tun. Darum ist der Blick des Weisen auf die Gegenwart gerichtet. Da er richtig handelnd aus ihr das Bestmögliche macht, erweist sie sich ihm gegenüber freundlich und hilfsbereit, sodass er in kurzer Zeit das Mehrfache von dem lernt und gewinnt, was andere kaum in Jahren erreichen.

Bei alledem folgt er dem Rat des Philosophen, stets das Ende zu bedenken, das ein Lebenswerk krönt oder verwirft. Indem er beständig so denkt und handelt, wie er, das Leben verlassend, wünschen würde, gehandelt zu haben, lebt er richtig.

Indem er sich bei allem, was er vorhat, prüft, ob es notwendig und gut sei, meidet er unnütze Gedanken und schädliche Handlungen. Er dämpft Begierden, hemmt die Leidenschaften, folgt dem Genius in ihm und bewirkt so, dass auch das Widrige Gegenstand positiven Wirkens und Teil der eigenen Schicksalsnotwendigkeit wird und so der Mehrung seiner Glücksfähigkeit und der Erreichung seines Lebenszieles dient.

„Ihn, der die ihm bescheidene Lebensspanne richtig angewandt hat, wollen wir preisen und glücklich nennen“, sagt Seneca. „Denn er war nicht leidender Teil der Masse, sondern ein Eigener. Er hat den Schritt vom Dasein zum Selbstsein getan, seine Charakterfestigkeit entwickelt und sich damit ein bleibendes Denkmal gesetzt.“

CHARAKTERFESTIGKEIT

Seit *Heraklit* weiß man, „dass der Charakter eines Menschen der Quellgrund seines Schicksals ist, dass jeder durch seine Wesensart, seine Denk- und Tatrichtung sein Glück oder Unglück gestaltet.“

Den Grad der Festigkeit eines Charakters erkennt man, nach Seneca, schon aus den kleinsten Handlungen. Er schreibt:

„Ein Charakter geht, wenn auch nicht immer im gleichen Schritt, so doch stets auf dem gleichen Wege. Er ergreift, ein für alle Mal, eine Richtschnur, nach der er lebt, und ordnet nach ihr sein Denken und Handeln.

Mancher schränkt sich daheim ein und macht sich draußen breit. Diese Ungleichheit ist Zeichen eines schwankenden Charakters, dem es am festen inneren Halt fehlt.

Woher kommt diese Unbeständigkeit? – Aus folgendem: Selten bestimmt sich einer im Voraus, selbst im Blick auf das, was er will. Und wenn er sich zu etwas entschlossen hat, verharrt er nicht dabei, sondern springt bei der nächsten Gelegenheit zu etwas anderem über oder fällt in das zurück, was er bereits als falsch erkannt und aufgegeben hat. ...

... Was ist demgegenüber Weisheit und Charakterfestigkeit? – Immer dasselbe wollen und nicht wollen. Du brauchst dabei nicht die Einschränkung beizufügen, dass das recht sein müsse, was du willst; denn keinem kann etwas dauernd gefallen, was nicht eben das Rechte ist.

Die meisten wissen nicht, was sie wollen, außer in dem Augenblick, wo sie wollen; für sein ganzes Leben hat sich selten einer über sein Wollen und Nichtwollen entschieden. Täglich wechselt er Urteil und Wegrichtung. So bleibt das Leben der meisten ein zielloses Hin und Her.

Anders der Weise: Er hält fest, womit er begonnen hat und setzt sich Lebensziele. Er wirkt tagein und jahraus beharrlich auf sie hin. Er gelangt so zum Höchsterreichbaren oder doch zu dem, wovon er allein erkennt, dass es noch nicht das Letzte und Höchste ist.

Wenn du so lebst, wirst du weniger Unruhe haben und mehr Gelassenheit gewinnen. Zugleich geht dir auf, wie sehr ein glückliches Leben die *Frucht der Weisheit* und der Charakterfestigkeit ist. Diese Erkenntnis gilt es, durch zielbewusstes Denken und Handeln zu vertiefen. Es gehört nämlich mehr Energie dazu, an guten Vorsätzen festzuhalten, als edle Entschlüsse zu fassen.

Du musst daher Ausdauer und Beharrlichkeit gewinnen und deinen Entschlüssen durch unentwegte Bemühung

Kraft geben, bis schließlich guter Charakter geworden ist, was jetzt noch guter Wille ist."

Im gleichen Maße wächst dein Vermögen, zwischen wirklichen und scheinbaren Lebensbedürfnissen zu unterscheiden.

LEBENSBEDÜRFNISSE

Hier, in diesem Leben, in dem wir uns jetzt befinden, ist die Erfüllung unserer Lebensbedürfnisse, die Stätte des Glücks. Es liegt in uns selbst. Und ebenso liegen die Hindernisse in uns, wie Seneca klarstellt:

„Wir sind mit günstiger Beschaffenheit geboren, wenn wir ihr nur nicht untreu werden. Die Natur hat dafür gesorgt, dass es, um glücklich zu leben, keines großen Aufwands bedarf. Jeder kann sich glückselig machen. Die Umstände sind von geringer Bedeutung und haben nach keiner Seite hin großen Einfluss. Den Weisen machen weder günstige Umstände stolz, noch werfen ungünstige ihn nieder. Denn er weiß, dass alles von der Einstellung abhängt und er bestrebt ist, das meiste auf sich selbst zu setzen und alle Freude in sich selbst zu suchen.

Ich nenne mich keineswegs einen Weisen. Ich habe mich nur, was genügt, um alles Elend zu mildern, weisen Männern hingegeben und suche, ihnen nachzueifern. Diese heißen mich, ständig auf der Wacht zu sein und Angriffe des Schicksals, schon *ehe* sie nahen, gelassen ins Auge zu blicken. Nur für jene ist etwas hart, auf die sie überraschend hereinbrechen; leichter erträgt jedes Los, wer immer gegen alles gewappnet ist.

Nie habe ich meinem Los getraut, auch wenn es Freuden zu schenken schien: Alles, was es mir zuteilte, habe ich an einen solchen Ort gestellt, wo es mir wieder genommen werden konnte, ohne dass es mich erschütterte. Ich hielt Abstand zwischen den Dingen und mir. So setzt man dem Leid, wie der Freude, ein unbeugsames Herz entgegen.

Ich habe stets geglaubt, dass in dem, was *alle* wünschen, nichts wirklich Gutes enthalten sei. Ich fand nur eitlen Schein, dem kein wahres Sein im Inneren entsprach. Andererseits aber finde ich so auch in dem, was man als *Übel* bezeichnet, nichts so Schreckliches und Hartes, als der Wahn der Messe fürchten lässt.

Ist es nicht Wahnsinn, so vieles zu begehren, da der Körper so wenig fasst? – Warum lauft ihr mit solcher Unruhe bald hier, bald dort hin? – Warum häuft ihr Schätze auf Schätze? –

Ihr mögt euer Vermögen, euere Besitzungen erweitern, euren Körper werdet ihr doch nie für *mehr* aufnahmefähig machen. Warum also scharrt ihr so viel zusammen? – Nicht auf die Größe des Vermögens, sondern auf die des *Geistes* kommt es an.

Der Geist ist's, welcher reich macht. Dieser aber begleitet uns selbst in Not und Verbannung und hat immer an seinen eigenen Gütern Überfluss und Genuss. Der Körper mag hierhin oder dorthin geworfen werden, Qualen und Leiden mögen sich an ihm üben; der Geist hingegen ist unverletzlich und ewig; an ihn kann niemand Hand anlegen.

Sorge darum, dass der Geist den Körper beherrscht, und bedenke, dass nichts als der Geist bewunderungswürdig ist, und dass nur er der Führer sei.

DER GEIST SEI FÜHRER

Wenn rechtes Leben darin besteht, dass der Geist Leib und Leben beherrscht, sollten wir alle Mühe darauf verwenden, dass es Wirklichkeit werde.

„Gewiss ist der Weise ebenso an seinen Körper gefesselt, wie der Unweise; allein in seinem besseren Teil, der Seele, ist er unabhängig von ihm. Gleichsam wie durch einen Fahneneid gebunden, hält der Weise dieses Leben für eine Schule oder einen Kriegsdienst und ist in solcher Verfassung, dass er weder Liebe noch Hass gegen das Dasein hegt und das Menschliche sich gefallen lässt, obgleich er weiß, dass noch Höheres vorhanden ist.

Du meinst, es solle mich nicht bekümmern, was der Anfang des Weltalls ist, wer der Schöpfer aller Dinge sei? – woher ich selbst gekommen bin? – ob ich diese Welt nur einmal erblicke oder öfter geboren werde? – wohin ich von hier aus gehe? – was meine Seele erwartet, wenn sie die Erde verlässt? – – Du meinst mir verbieten zu müssen, im Himmel heimisch zu sein?

Ich sage dir: Ich bin größer und zu Höherem geboren, als nur ein Sklave meines Körpers zu sein, den ich je nachdem als Fessel oder als Werkzeug des Geistes werte. Daher gebe ich ihn dem Schicksal preis, damit es sich auf *ihn* beschränke, und lasse keine Wunde durch ihn hindurch, bis zu mir selbst dringen.

Was an mir Schaden nehmen kann, ist nur der Körper; in dieser jeder Gefahr ausgesetzten Behausung wohnt meine Seele frei. Nie soll mich dieser Leib zur Furcht, nie zu einer des Edlen unwürdigen Vorstellung verleiten. Wenn mir's gut erscheint, werde ich die Gemeinschaft mit ihm lösen; und auch jetzt, solange wir zusammenhängen, sind wir nicht zu gleichem Recht verbunden: Dem *Geist* gebührt das Recht des *Führers*, der Körper soll ihm Diener sein. ...

... Während ich die Stille genieße, dringt aus dem nahe gelegenen Stadion das Geschrei der Zuschauer zu mir herüber. Unwillkürlich überlege ich, wie viele Menschen Körperübungen betreiben oder auch nur anderen dabei zuschauen, wie wenige dagegen ihre geistigen Anlagen pflegen oder üben.

Wenn der Körper durch Übung zu solcher Kraft des Ertragens und zu Höhen der Leistung erzogen werden kann, wie viel leichter muss erst der Geist an Kraft gewinnen können, Schicksalsschläge ungebrochen hinzunehmen und sich wieder aufzurichten.

Der Körper bedarf vieler Hilfsmittel, um Kraft zu gewinnen. Der Geist aber wächst aus sich selbst; er gibt sich selber Nahrung und formt sich selbst. So liegt, was dich besser und stärker machen kann, *in dir*. Was brauchst du, um gut zu werden? – Nur den Willen dazu.

Und was kannst du Besseres wollen, als dich durch Entfaltung der Führungskräfte des Geistes aus der Knechtschaft des Körpers zu befreien, seinen Schwächen zu widerstehen und dich zum Herrn über Leib und Leben zu machen?“

KRANKHEIT UND SELBSTBEHERRSCHUNG

„Die Krankheiten, die uns befallen, sind nicht unüberwindlich“, sagt Seneca. „Uns hilft die Natur, wenn wir die Heilung nur wollen. Zudem lässt sich jede Krankheit, jeder Schmerz geduldig ertragen und überwinden, indem man das Äußerste, was sie einem anzudrohen versuchen, verachtet.

Mache dir darum dein Leiden nicht selbst noch schwerer und belaste dich nicht mit Klagen! Leicht ist der Schmerz, wenn die Einbildung ihn nicht vergrößert; wenn du anfängst, dich zu ermuntern und zu bejahen: ‚Es ist nichts!‘ – ‚Es ist unbedeutend!‘ oder, ‚Es geht vorüber und wird sogleich aufhören.‘ Du selbst machst den Schmerz leicht, wenn du ihn dafür hältst.

Alles hängt von der Einstellung ab. Auch Schmerzen erleiden wir gemäß unserer Einbildung. Jeder ist in dem Maße elend, als er es zu sein glaubt. Darum gilt es, alles Klagen schon über vergangene Schmerzen zu unterlassen und nie zu sagen: ‚Welche Qualen habe ich durchgemacht? – Nie ging es mir schlechter. – Ich glaubte nicht, dass ich je wieder aufkommen würde.'

Selbst wenn das wahr wäre: Es ist vorüber! Und es schadet nur, alte Schmerzen durch Darandenken wieder aufzufrischen und *noch* elend zu sein, weil man es gewesen ist.

Zwei Dinge also sind zu verbannen: die Furcht vor künftigem und das Andenken an vergangenes Ungemach. Denn jenes berührt mich noch nicht, dieses ist nicht mehr. Und unter den Widerwärtigkeiten selbst tröste man sich: Künftig wird's mir vielleicht eine Freude sein, der jetzigen Leiden zu gedenken. Wie schnell sind sie vorbei. Man gehe dagegen an; denn man wird besiegt, wenn man weicht; man siegt, wenn man gegen seinen Schmerz angeht.

Heute handeln so viele so, dass sie den Sturz, dem sie wehren wollen, durch furchtsames Denken selbst herbeiziehen. Wie der Feind für *Fliehende* verderblich ist, so dringt jedes Ungemach auf den *Nachgebenden* unso heftiger ein.

Das sei schwer? – Willst du lieber, dass ein Leiden langwierig, oder dass es heftig und kurz sei? – Ist es langwierig, dann lässt es der Erholung Raum und muss notwendigerweise abnehmen. Eine kurze jähe Krankheit aber tut eines von beidem: sie erlischt oder sie macht erlöschen.

Was nun liegt daran, ob *sie* nicht mehr ist oder *ich?* In beidem liegt das Ende des Schmerzes.

Was liegt daran, wie schnell du eine Stätte verlässt, die du doch einmal verlassen musst? Richte deine Sorge nicht darauf, lange zu leben, sondern darauf, dass du *recht* und *genug* gelebt hast und aus deinem Dasein etwas machtest!

Um lange zu leben, bedarf es der Hilfe des Schicksals; um recht und genug zu leben, der rechten geistigen Haltung und Gesinnung. Diese aber liegt allein in deiner Hand.

FURCHTLOSIGKEIT

Die östliche Weisheit definiert die Furcht als „nichts als das, was die Menschen für fürchtenswert halten, wie die Sicherheit dort ist, wo man sich gesichert glaubt". – Das Gleiche lehrte *Epiktet*: „Schlimm ist es, in Bedrängnis zu leben; doch so zu leben drängt uns nichts."
Und Seneca sagt uns, warum das so ist: „Weil überall Wege ins Freie führen. Danken wir Gott, dass der *Furchtlose* durch nichts Widriges festgehalten werden kann, weil er *allem* zu widerstehen vermag. Er weiß, dass die Dinge, die uns schrecken, zahlreicher sind als die, die uns drücken, und dass wir zumeist mehr an der Einbildung als an der Wirklichkeit leiden. Darum rät uns der Schrecken, nie vor der Zeit unglücklich zu sein; denn was uns ängstigt, wird vielleicht nie kommen oder ist noch nicht gekommen. Einiges also quält uns mehr, anderes eher als nötig ist und wieder anderes, was uns überhaupt nicht zu quälen brauchte. Wir vergrößern entweder unseren Schmerz oder nehmen ihn unnötigerweise vorweg.

Obwohl der Furcht ein Mangel an Kenntnis zugrunde liegt, halten es die meisten aber nicht der Mühe wert, Kenntnis zu gewinnen, um die Furcht zu verlieren. So kommt es dann, dass sie von Zukünftigem wie von Gegenwärtigem gequält werden.

Über das Gegenwärtige ist das Urteil leicht: Ist unser Körper frei und gesund und wird ihm durch keine Verletzung Schmerz bereitet, so sehen wir gelassen zu, was da kommt; für heute hat es nichts auf sich.

‚Aber es wird kommen!' meinst du? – Dann sieh zu, ob sichere Zeichen für sein Kommen da sind. Denn meist quälen uns Vermutungen oder Meinungen. Gar zu leicht geben wir dem Wahne nach, prüfen nicht, was uns in Furcht versetzt, sondern zittern bereits, ehe es überhaupt geschieht.

Ist es *wahrscheinlich*, dass ein Übel eintreten wird, so ist es darum noch lange nicht *wahr*. Wie vieles kam unerwartet, wie viel Erwartetes blieb aus? – Und was nützt es, seinem Übel entgegenzulaufen? – Es ist Zeit genug dazu, wenn er da ist; indes richte den Blick auf Besseres! Dadurch gewinnst du Zeit. In ihr mag vieles dazwischentreten, was die kommende Gefahr zum Stillstand bringt oder beseitigt. Bejahe darum das Bessere!

Nur zu oft schafft die Seele sich falsche Bilder, sie *denkt falsch* oder fasst ein Wort von zweifelhafter Bedeutung in zu schlimmem Sinne auf oder stellt sich den Groll eines anderen noch größeren vor, als er ist. Das Leben wird aber sinnlos und das Elend maßlos, wenn man alles fürchtet, was man nur immer fürchten kann. Hier muss die Klugheit helfen: Weise durch Geistesstärke selbst die Furcht vor dem Augenscheinlichen zurück oder vertreibe eine Schwäche, und dämpfe die Furcht durch Hoffnung. Glaube, was dir lieber ist, und bejahe deine Furchtlosigkeit, bis dein Mut größer ist als alles, was von außen an dich herantritt."

ZORNÜBERWINDUNG

Im Blick auf das alte Sprichwort, dass, „wer im Zorne handelt, im Sturme untergeht", sagt Seneca, dass „der Zorn nicht ohne Grund gefürchtet und nach Mitteln gesucht wird, ihn zu meistern. Manche Philosophen haben den Zorn einen vorübergehenden Wahnsinn genannt; denn er ist ebenso wenig Herr über sich selbst als dieser: Er missachtet den Anstand, vergisst der innigsten Verhältnisse, halsstarrig erpicht auf das, was er angefangen, vernünftiger Überlegung unzugänglich, durch geringfügige Ursachen aufgeregt, zur Unterscheidung von Recht und Unrecht unfähig, dem einstürzenden Gebäude ähnlich, das über dem, worauf es fällt, zusammenbrincht.

Und, wie überwindet man den Zorn? – Am besten ist es, schon die geringste erste Aufwallung zurückzuweisen, sie im Keim zu ersticken. Denn, wer angefangen hat, vom Weg der Natur abzuweichen, findet schwer zurück, weil die Natur weicht, wo die Leidenschaft einzieht. Gleich an den Grenzen muss man den Feind abhalten, denn einmal eingedrungen, unterhandelt er nicht mehr mit denen, die ja schon seine Gefangenen sind.

Ein anderes Mittel gegen den Zorn ist das *Aufschieben:* Fordere von ihm nicht, dass er verziehe, sondern dass er *nachdenke.* Er wird nachlassen, wenn er zuwartet. Versuche nicht, ihn auf einmal zu entfernen; nimmt man Teil um Teil hinweg, wird man seiner ganz Herr werden. –

‚Aber dem Feinde gegenüber ist Zorn doch angebracht?', fragst du. – Nein, gerade hier braucht es Selbstbeherrschung und Mäßigung. Der Zorn stiftet keinen Nutzen. Er ist zur Unbesonnenheit geneigt, und während er andere in Gefahr stürzen will, nimmt er sich selbst davor nicht in acht.

Zorn ist Schwäche. Von Seelengröße ist er ebenso weit entfernt, wie der Übermut vom Selbstvertrauen. Es ist ein großer Unterschied zwischen erhabener und hochfahrender Gesinnung.

Den Worten Zorniger darf man nicht glauben: Sie machen großen Lärm und drohen. Inwendig aber sind sie zaghafteste Seelen. Das ist die Einrichtung der Natur: Was durch die Furcht anderer groß ist, ist auch von eigener nicht frei. Alles, was schreckt, zittert auch. Darum bleibt der Weise unberührt vom Zorn. Er weiß, dass es nichts gibt, worüber der Mensch nicht Herr werden kann. Was der Geist sich vornimmt, bringt er zuwege. Durch Gelassenheit und Ausdauer erreichen wir Freisein, auch von der Zornsucht. Und der Weg dazu ist nicht, wie manche wähnen, steil und rauh; auf ebener Bahn gelangt man dahin. Nicht schwierig ist der Weg zu einem zornfreien, glücklichen Leben. Betretet ihn nur mit guter Hoffnung und im Vertrauen auf die gütige Hilfe der Gottheit."

Letztlich ist alles eine Frage rechter Selbsterziehung.

SELBSTERZIEHUNG

Einige Hinweise, die hier zu geben sind, erstrecken sich auf das ganze Leben. Ein kleiner Teil davon betrifft die Jahre der Erziehung. Viel wird gewonnen, wenn man schon dem Kinde die Kunst rechten Lebens beibringt, wie Seneca lehrt:

„Es wächst der Geist, wenn man ihn nicht einschränkt. Durch Strafen wird er geschwächt. Er hebt sich, wenn er gelobt wird, und gewinnt Selbstvertrauen. Damit dieses nicht zu Unbeherrschtheit und Übermut umschlage, muss die Mitte zwischen Zaum und Sporen gehalten werden. Nur soll nie etwas Niedriges geduldet werden. Nie mache man es dem Kinde nötig, mit Erniedrigung zu bitten, lieber gebe man ihm seinen früheren Taten oder seinen Versprechungen für die Zukunft zuliebe etwas zu. Beim Wetteifer mit seinesgleichen lasse man es weder übertroffen werden noch sich erzürnen. Man sorge, dass es vertraut werde mit denen, mit welchen es wetteifert, dass es im Wettstreit nicht schaden zu wollen, sondern zu gewinnen sich angewöhnt. Man gebe ihm ein gewisses Maß an Erholung, lasse diese aber nicht zu Müßiggang und Trägheit ausarten.

Denn nichts macht leichter unbeherrscht als eine weichliche Erziehung.

Für uns Erwachsene gilt gleiches: Wer richtig denken gelernt hat, kann allem standhalten. Wenn die Tugend einmal die Seele abgehärtet hat, ist diese von allen Seiten her unverwundbar.

Wenn z. B. die Habsucht, von der noch zu sprechen ist, dich verlassen hat, wird dir auch der Ehrgeiz nicht zu schaffen machen. Wenn du bedenkst, dass die Geschlechtslust uns nicht zum Vergnügen, sondern zur Fortpflanzung des Geschlechts gegeben ist, so wird, wenn die Wollust dich nicht mehr mit ihrem Gifthauch berührt, auch jede andere Begierde an dir vorübergehen. Rechtes Denken und rechte Selbsterziehung schlägt nicht nur einzelne, sondern sämtliche Schwächen und Laster zugleich zu Boden. Es gibt keinen zuverlässigeren Beweis von Geistesgröße, als wenn man sich durch nichts, was einem auch begegnet, in Aufruhr bringen lässt."

Marc Aurel sekundiert Seneca, wenn er die Selbsterziehung auch den Schlüssel zur Zufriedenheit bezeichnet:

„Wenn du mit deinem Schicksal unzufrieden bist, bedenke, dass in allem Geschehen eine göttliche Vorsehung waltet und dass Schicksalsmeisterung eine Frage der Einstellung ist. Treibt dich die Gier nach diesem oder jenem, besinne dich, wie schnell alles ins Grab der Vergessenheit sinkt und wie nichtig alles Vergängliche ist. Zerstreue dich nicht und widerstrebe nicht, sondern ziehe dich in dich selbst zurück und bleibe frei. Damit beweist du deine Fähigkeit und das Maß rechter Selbsterziehung."

Das gilt auch für das, was so viele Menschen lebenslang quält und fesselt: die Besitz-Besessenheit.

BESITZ-BESESSENHEIT

„Die Gier nach Besitz mit noch mehr befriedigen zu wollen heißt Feuer mit Stroh löschen.“ – Was dieses chinesische Sprichwort aussagt, drückt Seneca durch folgende Sequenz aus:
„Wer sich im Besitz des Seinigen nicht für den Reichsten hält, mag Herr über die ganze Welt sein und ist doch elend und arm.“

Er fährt fort: „Halte keinen für glücklich, der von seinem Glück abhängt. Die Freude an äußeren Gütern steht auf tönernen Füßen. Jede Beglückung, die von außen kommt, verlässt uns wieder. Jene Werte hingegen, die im Inneren wurzeln, wachsen und begleiten uns bis ans Ende.

Nützlich und angenehm ist jeder Besitz, wenn er von uns abhängt und nicht wir von ihm. Alle Geschenke des Schicksals bleiben fruchtbar und erfreulich, solange ihr Besitzer über sich selbst verfügt und nicht der Gefangene seiner Güter ist.

Es irrt, wer wähnt, das Schicksal teile uns nach Laune Gutes oder Schlechtes zu. Es gibt immer nur den Grundstoff und schafft die Ausgangssituation, aus der sich erst durch unser Denken und Handeln Gutes oder Schlimmes entwickelt. Mächtiger als das Schicksal ist der Menschengeist: Er kann jedes Geschehen nach *beiden* Richtungen lenken und hat es in der Hand, sein Leben reich an Glück oder erbärmlich zu gestalten.

Man kann arm und glücklich sein und man kann reich und glücklich sein – und umgekehrt. Es ist immer nur eine Frage der Einstellung, nicht des Besitzes.

Im Reichtum ist oft mehr Gefahr als im Armsein: Er führt uns leichter und rascher von uns selbst fort, während die Armut Menschen zu sich selbst hinführt. Darum gehen mehr Menschen am Reichtum als an der Armut zugrunde.

Sieh dich um: Die meisten besitzen ihren Reichtum nicht, sie sind von ihm besessen. Wahrer Reichtum, der nicht fesselt, ist innen und kommt von dort. Heißt das nun, dass man äußeren Reichtum meiden soll? – Durchaus nicht, es gilt nur, nicht sein Sklave zu sein und von ihm abhängig zu werden.

Der Weise wertet den Reichtum als bloßes Mittel, nicht als Zweck. Ob Reichtum und Glück einander ausschließen oder eins sind, ist eine Frage rechter Lebenskunst und Weisheit."

In der Tat ist das Reich der Fülle und des Glücks in uns, und die Pforte zu ihm ist unser Herz. Schon *Aristoteles* nannte das Glück als inneres Reichsein eine ‚Funktion der Seele, wie die Tugend'; schon er lehrte, wie man den inneren Glücks-Sinn weckt: Um glücklich zu sein muss man es nämlich wollen, muss man es leben, als ob man es schon sei. Zugleich muss man vom Hängen an äußeren Dingen, von Besitz-Besessenheit, frei sein. Nur der Freie ist wahrhaft seines Lebens Herr und bleibt unberührt von Gewinn und Verlust.

VERLUSTE ERTRAGEN

Den nie Zufriedenen, den immerfort Gierenden, ständig nach *mehr* Verlangenden erinnert Seneca daran, dass aller Besitz vom Schicksal nur *geborgt* ist:

„In Wirklichkeit besteht der ganze Besitz der Reichen wie der Armen nur in *Schulden* – einerlei, ob er nun von Menschen oder vom Schicksal geborgt ist. Was uns auch von außen zufällt – Kinder, Ehrungen, Reichtum –alles ist nur geliehener Prunk. Nichts davon bleibt uns. Das eine wird am ersten, anderes am zweiten Tage wieder davongetragen. Nur wenig bleibt uns bis zum Ende. Wir müssen, was uns auf unbestimmte Zeit gegeben wurde, ständig bereithalten und ohne Klage zurückgeben.

Welch ein Wahnsinn, bei Verlusten noch sich selbst zu strafen, indem man durch Klagen und Trauern um Verlorenes sein Leid von sich aus vermehrt! Warum klagen und beklagen wir uns? – Weil wir nicht aufs Aufgeben vorbereitet sind, weil auch fremde Verluste uns nicht bewusst machen, dass uns Gleiches widerfahren wird. Darum trifft uns ein Verlust umso härter.

Was man hingegen in Gedanken schon durchlaufen hat, kann einen nicht mehr umwerfen. Wer auf alles vorbereitet der Zukunft entgegenblickt, der entzieht dem Übel, wenn es da ist, seine Kraft.

Aber warum – so wird man mir entgegenhalten – achtest du dann den Reichtum gering und besitzest ihn doch? – Ich verachte ihn nicht, damit ich ihn nicht besitze, sondern damit ich ihn nicht aus Angst vor Verlusten besitze und ihn zum Segen für möglichst viele Menschen weise nütze!

Ein Weiser achtet keinerlei Gaben des Schicksals unwert. Aber er hängt sein Herz nicht an sie. Reichtum stimmt und erheitert ihn so, wie den Segelnden günstiger Fahrtwind. Er weiß, dass der Wind nicht ihm gehört.

Höre also auf, dem Weisen den Besitz des Reichtums zu missgönnen oder zu verbieten. Die Weisheit ist keineswegs zur Armut verdammt. Ein Philosoph kann reich sein; aber sein Besitz ist nicht mit Tränen oder Blut befleckt und keinem geraubt. Seine Hingabe ist so segensreich wie sein Zufluss. Der Weise weiß um seine Aufgabe mit seinen Gaben und Reichtümern so vielen wie möglich zu helfen. Gut-Tun ist im Fundament des Gut-Ergehens."

Im Übrigen folgt der Weise dem Rat *Epikurs*: „Willst du, oh Idomeneus, den Phytokles reich machen, so musst du nicht sein Vermögen vermehren, sondern seine Bedürfnisse vermindern.“ Wahrer Reichtum gründet nicht in dem, was einer hat, sondern in dem, was er *ist*. Hier, in ihm ist der eigentliche und immerfort fließende Quell der Fülle und des Glücks.

REICHTUM VON INNEN

„Der Weise“, sagt Seneca, „wird Reichtum nie von sich stoßen, denn er weiß ihn recht zu gebrauchen. Er reicht ihn weiter an gute Menschen oder gibt ihn für gute Zwecke.

An sich ist der Reichtum kein Gut, denn sonst müsste er gute Menschen machen. Gut ist er nur als Diener und Werkzeug. Gut ist er, wenn er Auswirkung und Ausdruck inneren Reichseins ist, das nicht, wie der äußere Reichtum, vergänglich und von tausend Zufällen abhängig ist.

Darin unterscheidet sich der Weise vom Toren: Bei ihm steht der Reichtum in Dienstbarkeit, beim Toren übt er die Herrschaft aus. Der Weise gestattet dem Reichtum nichts, der Tor gestattet ihm alles. Den Toren nehmen seine Schätze gefangen, als ob sie ihn aller Gefahr enthöben. Umso härter trifft ihn dann der Verlust seiner Habe. Wer aber dem Weisen den äußeren Reichtum nimmt, muss ihm doch den inneren lassen.

So denkt und lebt der Weise: Der Geist ist ihm Führer und Halt. Reichtum lässt ihn gelassen – einerlei, ob er ihn hat oder nicht. Er bleibt unerschüttert, ob das Glück kommt oder geht. Er betrachtet alles als Lehen, als Aufgaben zur Mehrung des Glücks aller. Was er besitzt, wird er weder geizig verbergen noch sinnlos vergeuden, sondern als Geschenk der Götter in den Dienst des Guten stellen. Und wenn der Tod ihm das äußere Leben nimmt, wird er mit dem Bewusstsein abtreten, dass er, seinem Gewissen folgend, sein Dasein edlem Streben und Handeln widmete, und dass niemandes Freiheit oder Glück durch ihn beschränkt wurde – auch nicht das eigene.

Wer so denkt und entschlossen Hand anlegt, dessen Weg geht zu den Göttern."

Der gleichen Wahrheit gab Marc Aurel mit folgenden Worten Ausdruck:

„Alles Vorhandene ist nur der Same des Größeren, das aus ihm werden soll. Darum ist es kein Übel für die Wesen, Veränderungen zu erleiden. Auch ein Verlust ist nichts weiter als eine Wandlung, durch die die Gottheit in ihrer ewigen Weisheit Raum schafft für das Bessere. Dabei schließt sich alles Folgende dem Vorangegangenen verwandtschaftlich an. Wie in allem, was existiert, eine weisheitsvolle Zusammenfügung herrscht, so zeigt sich auch in dem, was noch geschieht, keine bloß äußerliche Aufeinanderfolge, sondern eine wunderbare innere Zusammengehörigkeit. Darum sollte man bei allem, was einen trifft, sei es Liebes oder Leidiges, bedenken, wozu es gut sei. Bejahe, dass es sich hinterher als gut und segenbringend offenbart. Wer so denkt und lebt, weiß um den Reichtum, der von innen kommt und sieht sich auch in Gefahren geborgen."

FREUDE ALS KRAFTQUELL

Die meisten Menschen benutzen ihre Klugheit nicht dazu, nach dem Guten und nach der Freude zu streben, sondern nach Lust und Sinnenbefriedigung, die das Leben nicht reicher, sondern unerfreulicher gestaltet. Seneca stellt dies so klar:

„Grundlage und Höhepunkt rechter Geisthaltung ist es, sich nicht an gehaltlosen Dingen zu erfreuen, sondern zu wissen, worüber es Sinn und Wert hat, sich zu freuen. Lebensweisheit erzieht zu wahrer Freude.

Glaubst du, ich entziehe dir Genüsse, wenn ich das Zufällige entferne und falsche Hoffnungen gemieden wissen will? – Im Gegenteil: Ich will, dass es dir nie an Freude fehle; ich möchte, dass sie dir in deinem Hause erwachse. Sie tut es, wenn sie *in dir selbst wohnt.* Die übrigen Erheiterungen füllen das Herz nicht, sie glätten nur die Stirn und sind flüchtig.

Wahre Freude ist eine ernste Sache. Wertlose Metalle finden sich an der Oberfläche. Jene aber, deren Adern die Tiefe verbirgt, das sind die köstlichsten. Sie werden den Wünschen des beharrlich Grabenden immer vollkommener entsprechen. Woran die Masse sich ergötzt, gewährt nur geringes und oberflächliches Vergnügen. Jeder von außen zugeführten Freude fehlt die Dauer. Jene aber, von der ich spreche und zu der ich dir verhelfen möchte, kommt von innen, ist fest gegründet und beständig.

Tue, was allein dich froh und glücklich macht: Wirf weg, was von außen glänzt und dir von anderen versprochen wird. Trachte nach dem wahren Gut und erfreue dich deiner selbst und des besseren Teils deines Selbst. Auch den Körper halte, wenngleich nichts ohne ihn geschehen kann, mehr für eine notwendige als wichtige Sache. Er gewährt nur kurze, Reue bringende und, wenn nicht mit Mäßigkeit geregelt, ins Gegenteil ausschlagende Genüsse.

Freude bedeutet, dass man innerlich stets voll frohen Mutes zum Handeln und voll gelassenem Selbstvertrauen gegenüber Widrigkeiten ist. Sie wächst aus dem guten Gewissen, aus edlen Entschlüssen, aus rechtem Denken und Tun, aus der Verachtung der Zufälle, aus dem gleichmäßigruhigen Ablauf des Lebens, dem ein hohes Ziel gesetzt ist.

Beim Weisen ist Freude die bleibende Grundstimmung seines Wesens. Er ist in jeder Lage ruhig, gelassen und zuversichtlich. Er bedarf, weil er an nichts Äußerem hängt, weder der Menschen, noch des Schicksals Gunst. Weil echte Freudigkeit in der Seele entsteht und dort beschlossen bleibt, geht dem Weisen äußeres Ungemach nicht unter die Haut."

Wer darüber hinaus je die Freude empfand, Böses mit Gutem zu vergelten, der wird jede Gelegenheit wahrnehmen, Freude zu bereiten und so sein eigenes Freudevermögen zu erhöhen, aus der Gegenwart das Bestmögliche zu machen und damit zugleich seine Zukunft zu erhellen und zu durchlichten.

DIE GEGENWART NUTZEN

Die einzige Zeit, die uns gehört, ist die Gegenwart. Trotzdem leben die meisten teils in der *Vergangenheit* – von der sie rückwärts blickend zehren oder die sie beklagen, statt aus ihr zu lernen –, teils in der *Zukunft* – indem sie sich bereiten, *demnächst* zu leben und so gleichfalls das allein Wirkliche versäumen: die *Gegenwart*.

Auch die *Vielbeschäftigten*, die „keine Zeit haben", auch nicht dazu, aus dem vergangenen Teil ihrer Lebensfahrt Erfahrungen zu gewinnen, nützen die Gegenwart nicht richtig, wie Seneca ausführt:

„Ihr Leben ist in die Tiefe entschwunden. So, wie es nichts hilft, dass man noch so viel hineingießt, wenn unten nichts ist, was es aufnimmt und hält, so kommt auch nichts darauf an, wie viel Zeit sie hinter sich brachten, wenn nichts da ist, woran sie haften bleibt. Durch schadhafte und durchlöcherte Seelen rinnt sie hindurch.

Die Gegenwart ist überaus kurz, sodass sie manchem wie gar nichts vorkommt. Sie ist immer im Lauf, sie stürzt dahin, hört eher auf, als sie kam, und duldet keinen Stillstand. Dem Vielbeschäftigten gehört also bloß die Gegenwart, und gerade sie entzieht sich dem nach zu vielen

Seiten hin Zerstreuten. Dann klagt dieser, dass das Leben zu kurz sei. ...

... Ein Leben, das fern von solcher Hetze verläuft, ist niemals zu kurz. Denn nichts davon wird verstreut, nichts dem Zufall überantwortet, nichts vernachlässigt und verschenkt, nichts ist überflüssig, es ist sozusagen ganz auf Zinsen angelegt. Wie kurz es daher auch sei – für den, der sich von seiner Zeit nichts wegnehmen lässt, der die Gegenwart zu nutzen gelernt hat, ist das Leben immer lang genug. Es steht ihm jederzeit zur Verfügung. Kein Augenblick bleibt ungenützt und unausgefüllt, keine Minute wird vergeudet."

Die *Zeit-Armen*, die vor lauter Arbeit weder ein- noch auswissen und über Zeitmangel klagen, könnten Zeit-Millionäre werden, wenn sie Senecas Weisungen folgen und wenn sie sich darüber hinaus angewöhnen, täglich einen Teil ihrer Zeit in gelassener Zeit- und Wertebesinnung darauf zu verwenden, ihr Tun während der übrigen Zeit planvoll zu organisieren und mit mehr Bewusstheit zu erfüllen. Solcher Art Zeitopfer macht sich doppelt bezahlt: Zum einen verhilft es durch bessere Zeitnutzung zu wachsendem Zeitgewinn, zum anderen erschließt es neue Möglichkeiten der Glücksgewinnung. So wird aus dem Zeit-Sklaven ein Zeit-Meister, der den ganzen Reichtum der Gegenwart auszuschöpfen vermag. Er hat erkannt, dass auch die Zeit das ist, was er aus ihr macht; dass er in jedem Augenblick der Gegenwart die Ewigkeit berührt.

GLÜCKS-SICHERUNG

Alles Leben will Glück! Glück ist seine Bestimmung. Aber die meisten missverstehen Sinn, Weg und Ziel ihres Lebens. Sie verlassen die rechte Bahn und kommen in unwegsamen Sümpfen beiderseits des sicheren Weges elendig um. Sie jagen einem Glück hinterher, das in Wahrheit keines ist. Sie suchen vergängliche Genüsse und glauben, in ihnen schwelgend, das sei das Leben. ...

Auf ihrer Glücksjagd übersehen sie aber, dass das Glück am Wege auf sie wartet und sie ruft. Immer wieder jagen sie an ihm vorbei – bis der Tod ihr Rasen beendet. ...

Wohl ihnen, wenn sie rechtzeitig lernen, mit dem Zauberstab rechten Denkens selbst aus Felsen und Wüste erquickende Glücksquellen zu schlagen, wozu ihnen Seneca den Weg weist:

„Keiner kann glücklich genannt werden, der keinen Sinn für das Rechte und Wahre hat. Er mag oft Glück gehabt haben und doch nie glücklich gewesen sein. Und schließlich erwacht er und fragt: ‚Warum bin ich zu einem im Grunde glücklosen Leben verurteilt?'

Das Schicksal antwortet ihm: ‚Du hast dich selbst verurteilt, niemand sonst. Du denkst falsch, und darum lebst du falsch. Stirb – oder erneuere dein Denken! Dann wirst du erkennen, dass Leben Selbstsein und Glücklichsein heißt!'

Das Glück ist weder Wahn noch Rausch, sondern Wirklichkeit. Es ist aller Wesen innerster Besitz und darum unvergänglich wie sie. Es ist die Grundlage des Lebens. Aber die meisten fühlen den Boden nicht mehr, auf dem sie stehen. Ihnen ging die Bodenständigkeit, das innere Verwurzeltsein im Reiche des Glücks verloren, weil ihre Sehnsucht von tausend Dingen fortgelockt und fortgetragen wurde. So kommt es, dass sie wähnen, ihr Leid sei unabänderliches Verhängnis. In Wahrheit ist Unglück ein Mangel an Einsicht, ist Nichterkennen *der Pfade*, die zur Fülle des Lebens führen.

Die Wahrheit ist, dass das Glück jedem bestimmt ist. Glück ist Weisheit, und Weisheit ist Glück. Glück ist Liebe, und Liebe ist Glück. Glück ist das volle Leben, und das volle Leben ist Glück. Glück ist Vollkommenheit, und Vollkommenheit ist Glück."

Marc Aurel zieht aus dieser Erkenntnis die praktische Folgerung:

„Wer glücklicher werden und sein will, der mache sich eine optimistische, bejahende Lebenshaltung zur Gewohnheit. Er gewöhne sich an die Nichtbeachtung des Leidigen und an stete Aufgeschlossenheit für alles Erfreuliche und Gute. Er folge dem Beispiel der Sonnenuhr, die nur die Sonnenstunden verzeichnet."

Wer so lebt, ist von innen her glücklich. Und dieses Glücklichsein alleine ist von Dauer.

MEIDE DIE MASSE!

„Der Mensch der Masse hat keine Tugend, nur das Individuum hat sie", wie ein Weiser sagte.

Darum kommt es auf den *Einzelnen* an. Wenn dieser zu einem glücklichen Leben gelangen will, muss er Senecas Rat folgen und die Menge meiden:

„Halte dich fern vom Menschengewühl und suche deinen Halt in dir selber! Denn noch kannst du dich dem Sog der Masse nicht mit Sicherheit überlassen. Selten bringst du dieselbe sittliche Haltung und Festigkeit nach Hause zurück, mit der du ausgingst. Immer wird etwas von dem, was du geordnet, in Unordnung gebracht; manches von dem, was du verscheucht glaubtest, kehrt wieder.

Nachteilig ist jeder Verkehr mit der Menge. Da ist keiner, der uns nicht irgendeinen Fehler empfiehlt oder unvermerkt anhängt. Je größer die Menge, in die wir uns mischen, desto größer ist die Gefahr. Ein einziges Beispiel der Schwelgerei oder der Habsucht stiftet Unheil; ein weichlicher Lebensgefährte entnervt und verweichlicht uns allmählich mit; ein reicher Nachbar regt unsere Begierden auf. Darum ziehe dich in dich selbst zurück, soviel du kannst, und Verkehre nur mit denen, die dich besser zu machen geeignet sind.

Demokrit brachte zum Ausdruck: ‚Einer gilt mir für das Volk und das Volk für einen.'

Vortrefflich ist auch der Satz, den Epikur einem Genossen seiner wissenschaftlichen Beschäftigungen schrieb: ‚Dies schreibe ich nicht für viele, sondern für dich; denn wir sind einer dem anderen ein hinreichendes Publikum.'

Das musst du in deiner Seele verankern, um das aus dem Beifall der Menge entspringende Vergnügen zu verachten. Viele loben dich; aber welchen Grund zum Zufriedensein hast du, wenn du einer bist, den die Menge versteht? Nach innen sollen deine Vorzüge schauen.

Es ist gut, mit Unähnlichen oder Andersdenkenden, andere Ziele Verfolgenden nicht unnötig zu verkehren. Wenn sie dich auch nicht ablenken, können sie dich doch hindern. Viel aber schadet schon, wer uns aufhält, zumal bei der Kürze des Lebens. Eile also und bedenke, wie sehr du deine Schritte beschleunigen würdest, wenn dich ein Feind von rückwärts her bedrängte. Dies geschieht wirklich: Man setzt dir nach. Darum bringe dich in Sicherheit und suche *lieber eine Freundschaft als tausend Verbindungen.*

Die wenigsten gehören sich selbst. Ich aber wünsche dir den *Besitz deiner selbst,* damit dein von unsteten Gedanken getriebener Geist festen Fuß fasst und sicher steht, an sich selber Gefallen findet und nach Erkenntnis der wahren Güter – die man besitzt, sobald man sie erkannt hat – eines Zuwachses an Jahren nicht mehr bedarf. Der ist über alle Notwendigkeiten hinaus und frei, der den Sinn seines Daseins erkannte."

FREUNDSCHAFT

„Es gibt viele Menschen, die wohl Freunde haben, aber keine wirkliche Freundschaft kennen", sagt Seneca und erläutert das wie folgt:

„Wirkliche Freundschaft, die weder durch Hoffnung und Furcht noch durch die Sorge um den eigenen Vorteil zerrissen wird, ist nur möglich, wenn beide ein gemeinsames geistiges Streben nach dem Guten leitet. Schon wenn einer dem, den er für seinen Freund hält, nicht ebensoviel traut wie sich selber, kennt er das Wesen der wahren Freundschaft nicht. *Nach* geschlossener Freundschaft muss man trauen, *vor* ihrem Abschluss prüfen. Der Massenmensch prüft erst, wenn er geliebt wird – statt zu lieben, nachdem er geprüft hat.

Überlege lange, ob einer in deine Freundschaft aufzunehmen sei. Hast du es aber einmal beschlossen, dann nimm ihn mit deinem ganzen Herzen auf und sprich mit ihm ebenso offen, wie mit dir selbst. Lebe so, dass du dir nicht vertraust, was du nicht auch dem Freunde anvertrauen kannst.

Hältst du deinen Freund für treu, wirst du ihn auch dazu machen. Denn manche haben schon das Hintergehen *gelehrt*, indem sie hintergangen zu werden *fürchteten* und dem anderen durch Argwohn ein Recht gegeben, sich an ihm zu versündigen. Wann also sollte ich in Gegenwart eines Freundes irgendein Wort zurückhalten?

Sieh den Weisen an: Er ist zwar sich selbst genug; dennoch wünscht er einen Freund, einen Nachbar, einen Hausgenossen zu haben. Wenn ihn eine Krankheit trifft, ein Feind ihn einer Hand beraubt oder ein Unfall ihm ein Auge ausstößt, wird ihm genügen, was übrig bleibt. Er vermisst nicht, was ihm fehlt, wenn er auch lieber sähe, dass es da wäre. Insofern ist der Weise sich selbst genug; nicht dass er ohne Freund sein *will*, sondern dass er es sein *kann*. Dies meine ich so: Wenn er ihn verliert, erträgt er es mit Gleichmut. Ohne Freund wird er übrigens nie sein; er hat es in seiner Gewalt, wie schnell er einen Verlust ersetzt.

Du fragst, wie er sich so schnell einen Freund verschaffen werde? – Ich will es dir sagen mit *Hecato:* ‚Ich zeige dir ein Liebesmittel ohne Trank, Kraut und Zauberspruch: *Willst du geliebt sein, so liebe!*'

Wer nur an sich denkt und aus Ichsucht eine Freundschaft schließt, denkt falsch: Wie er angefangen hat, so wird er enden. Man verschafft sich einen Freund, um jemanden zu haben, den man in die Verbannung begleiten und für dessen Wohlergehen man sich opfern kann. Alles andere ist nicht Freundschaft, sondern Spekulation, die ihrem Vorteil nachgeht und berechnet, was sie gewinnen wird.

Wahre *Freundschaft* ist nur, wo *Einheit* herrscht, in ihr offenbart sich der Adel der Seele."

ADEL DER SEELE

Du kannst dich jederzeit aus der Masse herausheben und zu wahrem Menschentum und Menschenglück gelangen. Denn dies Gute hat die Lebenskunst, dass sie auf den Stammbaum achtet, wie Seneca sagt:

„Wenn man auf den Uranfang zurückgeht, stammen wir alle von Gott ab. In diesem Punkt sind wir alle von Adel und sollten daraus die rechte Haltung gewinnen. Aber vielen ist der Zugang zu diesem inneren Adel und seinen Rechten verschlossen. Ihnen kann philosophische Lebenskunst helfen.

Die Philosophie weist keinen zurück, wählt niemanden aus. Der Sonne gleich leuchtet sie allen. *Sokrates* war kein Hochgeborener, und den *Plato* empfing die Philosophie nicht als Adligen, sie manchte ihn dazu. Welchen Grund hast du zu zweifeln, diesen Großen gleich werden zu können? Sie und alle Großen der Welt sind deine Ahnen, wenn du dich ihrer würdig zeigst – und dies wirst du immer, wenn du *beharrlich strebst, dass du an Adel der Gesinnung von niemandem übertroffen wirst.*

Wir alle haben gleich viele Ahnen vor uns; der Ursprung eines jeden von uns liegt über alle Erinnerung hinaus. Plato sagt, es gebe keinen König der nicht vom Sklaven und keinen Sklaven, der nicht von Königen abstamme. Das alles hat ein langer Wechsel verwischt und das Schicksal zuunterst und zuoberst gekehrt. Wer also ist ein Adliger, ein Edelgeborener? – Der von der Natur zur Tugend wohl Ausgerüstete. Nur hierauf hat man zu schauen.

Vom ersten Anfang der Welt ist uns bis heute eine abwechselnde Reihe von Vornehmen und Niedrigen vorausgegangen. Nicht ein mit verräucherten Ahnenbildern gefüllter Vorsaal macht uns zum Adligen; was vor uns war, ist nicht unser Eigentum. Die *Gesinnung* adelt den, dem es vergönnt ist, sich aus jedem Stand über das Schicksal zu erheben.

Man muss nicht darauf sehen, woher die Dinge kommen, sondern wohin sie gehen. Gibt es etwas, was das Leben glückreich macht, so ist dies mit vollem Recht ein Gut. Worin irren dann die meisten, die doch alle ein glückliches Leben ersehnen? – Darin, dass sie die *Mittel dazu für das glückliche Leben selbst halten* und dieses, während sie ihnen nachstreben, fliehen.

Um recht und glücklich zu leben, sorge, dass deine Haltung *Größe* zeigt. Groß ist, sich über Drohungen und Versprechungen der Geschicke erhaben zu zeigen, Schicksalsschläge gelassen zu ertragen und, was immer auch geschieht, so hinzunehmen, als ob du es selbst gewollt hättest. Groß ist, im Auf und Ab des Lebens immer gleich gelassen auszuharren, Überfluss abzulehnen und dein Schicksal selbst in die Hand zu nehmen, dich nicht an die Dinge zu klammern, sondern dein eigener Herr zu bleiben."

DIE EINSTELLUNG ENTSCHEIDET

Rechtes Denken ist eine Voraussetzung rechten Lebens. Überlegen macht überlegen. Nicht die Umstände sind schicksalsentscheidend, sondern die Einstellung, sagt Seneca: „Du kannst glücklich, du kannst gefesselt sein: Je nach deiner Einstellung kannst du aus den Umständen Hinderung oder Förderung machen. In keiner Hinsicht hat die Natur sich mehr um uns verdient gemacht als dadurch, dass sie als Linderungsmittel unserer Unfälle die *Gewohnheit* erfand, die uns schnell mit den Schwestern vertraut macht. Niemand würde ausharren können, wenn die Fortdauer eines Unglücks dieselbe Kraft hätte wie der erste Schlag.

Wir sind alle ans Schicksal gebunden: Die Kette des einen ist aus Gold und weit, die der anderen rostig und kurz. Was liegt daran? – Den einen fesseln Ehrenstellen, den anderen dessen Reichtümer; manche drückt die niedrige Geburt, andere die vornehme; manchen hängt fremde Herrschaft über dem Haupte, anderen die eigene. Man muss sich an seine Lage gewöhnen und suchen, durch rechte Einstellung das Angenehme an ihr zu ergreifen.

Nichts ist so bitter, dass ein gelassenes Gemüt nicht einen Trost dabei fände. Auch das Harte lässt sich erweichen, das Enge erweitern, und das Schwere drückt den, der es mit bejahender Haltung und Gelassenheit trägt, weniger. Halten wir uns an das unseren Hoffnungen Entgegenkommende, dann wird auch das Schwere leichter.

Diese Worte sind an die noch Unvollkommenen gerichtet, nicht an den Weisen. Dieser besitzt so viel Selbstvertrauen, dass er keine Bedenken hat, dem Schicksal entgegenzutreten, dem er nie das Feld räumen wird. Er fürchtet es nicht, weil er alles, auch sich selbst, unter die vergänglichen Dinge rechnet und so lebt, als sei alles, auch er sich selbst, nur geliehen. Doch sind er und sein Leben deshalb in seinen Augen nicht wertlos, sondern er wird jede seiner Aufgaben umsichtig und sorgfältig verrichten. Aber eben dadurch, dass er alles, was geschehen kann, schon im Voraus als jederzeit eintretbar vorwegnimmt, schwächt er den Anfall jedes möglichen Übels.

Publius sagt: ‚Was *einen* treffen kann, kann *jeden* treffen.' – Wer sich diese Wahrheit zu Herzen nimmt, wird sich wappnen, bevor er angegriffen wird. – ‚Ich hätte nicht gedacht, dass dieses mich treffen würde', sagt so mancher. – Warum denn nicht? Wo ist der Reichtum, dem nicht der Bettelstab und Hunger folgen könnte, wo ein Ehrenamt, das nicht Verachtung, Entbehrung, Verbannung begleiten könnte? – Eine kurze Spanne Zeit nur liegt oft zwischen dem Thron und dem Knien vor einem anderen. ..."

Wirklich arm ist, wer seiner Begierden Sklave ist, wirklich reich, wer seiner selbst und seines Lebens Herr und frei von Gier ist.

GESINNTHEIT UND LEBENSRICHTUNG

Es ist eine alte Erfahrung, dass die der Einstellung zugrunde liegende Gesinntheit des Menschen den Verlauf seines Daseins bestimmt. Was aber versteht Seneca, der gleiches lehrt, unter ‚rechter Gesinntheit'?

„Eine Seele, die das Wahre erkennt, die weiß, was zu fliehen und was zu erstreben ist, die den Wert der Dinge nicht nach ihrem Schein, sondern nach ihrem wahren Wesen bestimmt, die in das Innere des Weltganzen eindringt und jedem Teile desselben ihre Betrachtung widmet, aufs Denken wie aufs Handeln gleich bedacht, vom Widrigen wie vom Angenehmen gleich unbesiegt, keinem Geschick sich beugend, allem überlegen, was ihr widerfährt, bei aller Kraft besonnen und nüchtern, unverzagt und durch nichts beunruhigt, durch keine Macht gebrochen, durch kein Ereignis gehoben oder niedergedrückt – das ist rechte Gesinntheit – wenn sie sich *ganz* offenbart. ...

Allein sie hat viele Formen, die sich je nach den Umständen und Handlungen entfalten, ohne dass sie selbst deshalb geringer oder größer wird.

Niemand kann das Einzelne ordnen und meistern, es sei denn, er hat seinem Leben einen *Zweck* gegeben, seinem ganzen Denken und Tun ein *letztes Ziel* gesetzt. Niemand bringt ein Bild zustande, wenn er nicht zuvor mit sich einig ist, was er malen will. Deshalb scheitern so viele, weil sie nur über *einzelne Abschnitte* ihres Lebens meditieren, nicht über das *ganze*.

Wie wir oft Leute suchen, die neben uns stehen, so wissen wir meistens nicht, dass das höchste Gut, das wir suchen, als Zweck neben uns steht. Es bedarf keiner weitläufigen Untersuchung, was dieses höchste Gut sei: Es ist das Sittlich-Gute, die rechte Gesinntheit, die Tugend. Denn nicht die jeweiligen Umstände oder Verhältnisse machen die Dinge zu Gütern oder Übeln, sondern die Gesinntheit: Wo rechte Gesinntheit herrscht, hat alles eine gleiche Größe, wird alles zu einem Mittel der Vollendung."

Die gleiche Erkenntnis leuchtet uns aus den Worten Marc Aurels entgegen:

„Nichts gewährt den Menschen mehr Freude und Befriedigung, als wahrhaft menschlich zu handeln. Wahrhaft menschlich und recht gerichtet ist ein Wohlwollen gegen deinesgleichen, Verachtung der Sinnenreize, klare Unterscheidung der Vorstellungen, rechte Selbstbesinnung und

Betrachtung der Allnatur und ihrer Wirkungen und Vertrauen zur inneren Führung. –

Wie eine Biene, die Honig bereitet, sei der Mensch, der Gutes tut: Er posaunt es nicht hinaus und erwartet weder Lob noch Belohnung, sondern wendet sich den nächsten guten Werken zu. Indem er so das, was im Augenblick zu tun ist, freudig wirkt und dabei dem Genius in ihm folgt, bewirkt er, dass es nichts gibt, was ihn hindern kann, ein recht ausgerichtetes und glückliches Leben zu führen."

VERHALTEN UND VERHÄLTNISSE

Nicht auf die Umstände kommt es an, in denen wir uns jeweils finden, sondern auf unsere Einstellung und unser Verhalten ihnen gegenüber. Hier fehlt, den meisten noch die gelassene Haltung des Weisen.

Seneca stellt dazu fest: „Wie die zahlreichen Regengüsse und die Ströme den Geschmack des Meerwassers nicht ändern, so kann auch der Ansturm feindlicher Gewalten die Geisteshaltung des tapferen Mannes nicht wanken machen. Er bleibt bei seiner aufrechten Haltung und teile eben dadurch allen Verhältnissen und Ereignissen eine bestimmte Färbung mit. Er steht über dem äußeren Geschehen.

Ich behaupte nicht, dass er feindliche Einwirkungen nicht spürt. Er besiegt sie jedoch und erhält sich selbst in Ruhe und Gelassenheit. Schwierigkeiten und Widrigkeiten nimmt er als Übungsgelegenheiten wahr. Er weiß, dass die Standfestigkeit schwindet, wenn sie nicht durch Widerstände erprobt wird. Erst wenn sie zeigen kann, was sie zu tragen, zu ertragen und zu leisten vermag, wird ihre Kraft und Größe offenbar.

Wer die rechte geistige Haltung gewonnen hat, fühlt sich mit der ganzen Welt verbunden. Von Schwierigkeiten lässt er sich ebenso wenig niederzwingen, wie er sich von Annehmlichkeiten überwältigen lässt. Er beugt sich weder vor dem Unglück noch vor dem Glück. Er steht über Erfolg und Misserfolg. Seine Haltung wird durch nichts verwirrt, weil sie frei ist von Furcht. Äußere Zufälligkeiten können sie weder verändern noch schwächen.

Wer seinen Halt in sich weiß, gibt durch seine Haltung seiner Überlegenheit Ausdruck. Ihr Kennzeichen ist Ruhe und Aufrichtigkeit, Hilfsbereitschaft und Freigiebigkeit, Gleichmut und Gelassenheit, Geduld und Duldsamkeit. Hinter alledem steht eine einzige Tugend als Ursache jener unwandelbaren inneren Haltung: die rechte Gesinntheit und charakterliche Geradlinigkeit."

Gleichermaßen wie Seneca erkannte auch Marc Aurel, dass beglückende Verhältnisse aus rechtem Verhalten entspringen:

„Die Übel, die dich noch behelligen, haben ihren Grund nicht im Verhalten anderer, nicht in der Veränderung deiner Körperhülle oder in Einflüssen und Verhältnissen der Umwelt.

Wo aber dann? – In jenem Teil deiner selbst, in dem das Vermögen seinen Sitz hat, dich den Dingen und Umständen gegenüber richtig oder falsch einzustellen und zu verhalten und sie demgemäß zu meistern oder ihnen zu erliegen. Wenn in dir keine falschen Vorstellungen herrschen, sondern das Bewusstsein deines Einsseins mit dem Weltengeist in dir einen inneren Halt gibt, steht alles gut."

RECHTE SELBSTRICHTUNG

Ob du gelassen und rechtschaffen dein Leben meisterst, hängt von dir selber ab. Nichts und niemand kann dich hindern, recht gesinnt und rechtschaffen und damit den Umständen überlegen zu sein.

„Rechte Selbstrichtung“, sagt Seneca, „bestimmt auch die Richtung, die dein Schicksal nimmt: Woher kommt Sicherheit im Lebenskampf? – Aus einem guten Gewissen, aus edlen Entschlüssen, aus rechtschaffenem Denken und Handeln, aus der Geringschätzung alles Zufälligen, aus rechter Selbstausrichtung und dem daraus entspringenden ruhig-steten Gang eines immer den gleichen Weg verfolgenden Lebens.

Wie können jene, die unstet von einem Vorsatz zum anderen überspringen, oder durch einen beliebigen Zufall ihre Wegrichtung bestimmen lassen, irgendetwas gewiss und bleibend besitzen? – Wenige nur gibt es, die sich und das ihrige nach einem festen Plan richten und ordnen, die ihrem Denken, Tun und Leben Ziele setzen. Die meisten gehen nicht sondern lassen sich herumtreiben, nach Art von Dingen, die auf den Wogen schwimmen. Daher müssen wir fest bestimmen, was wir wollen und dabei beharren.

Eine Seele, die zu sich selbst heimgefunden hat, die um die rechte Richtung und den Weg weiß, ist nie sich selbst zuwider, weil sie stets dem Besten nachgeht. Das Vergnügen aber findet zumeist gerade dann seinen Tod, wenn es den höchsten Genuss gewährt. ...

Daher lehren die Alten, man solle sich stets nach sich selber richten, seinem innersten Selbst, und nicht dem angenehmsten, sondern dem besten Leben nachgehen, sodass das Vergnügen nicht der Führer, sondern der Begleiter einer recht gerichteten, edlen Gesinnung ist. Dabei muss man die Natur zur Führerin nehmen: Auf sie richtet die Vernunft ihr

Augenmerk, bei ihr empfängt sie rechten Rat. Richtig, glücklich und naturgemäß leben ist ein und dasselbe.

Wir leben naturgemäß, wenn wir die körperlichen Anlagen und Bedürfnisse unserer Natur ruhig und ohne Angst als etwas betrachten, was uns nur auf Zeit gegeben ist. Sie sollten uns dienen, nicht uns beherrschen. Wir sollten von Äußerlichkeiten nicht verführt und unbeherrscht bleiben, sondern auf uns selbst, unser Selbst vertrauen, seiner inneren Führung folgen, auf alles gefasst sein und unseres Lebens eigener Zielsetzer, Richtungsgeber und Gestalter sein.

Auch die Natur richtet zwar ihre Tätigkeit nach außen, kehrt aber von überall her in sich selbst zurück. Dasselbe soll unser Geist tun: So bleibt er, den Sinnen folgend, sowohl der Außenwelt wie seiner selbst Herr. Auf solche Weise schafft er eine Macht, die mit sich selbst eins ist und darum allem Äußeren überlegen bleibt."

WIDERSTÄNDE ALS KRÄFTEWECKER

„Alle Kraft wächst an den Widerständen, die sich uns entgegenstellen", sagt Seneca. Hier seine Erläuterungen zu dieser Wahrheit:

„Einen väterlichen Sinn hat die Gottheit gegen die Guten: Sie sucht sie durch Arbeit, Mühe und Widerstände rüstig zu erhalten, damit sie zunehmend an Kraft gewinnen. Ohne Widerstand erschlafft die Tugend. Unangefochtenes Glück hält keine Schläge aus. Aber wo man mit Widerwärtigkeiten in beständigem Kampf liegt, gewinnt man für die Schläge eine harte Haut und gibt keinem Übel nach; und ist einer auch gefallen, kämpft er noch auf den Knien.

So ist es kein Übel, was zunächst so scheint. Was du unfreundlich, widrig, verwünschenswert nennst, ist zum Besten derer, die es trifft, wie zum Besten aller.

Demetrius sagt treffend: ‚Niemand erscheint mir unglücklicher als ein Mensch, dem nie eine Widrigkeit zugestoßen ist, denn es ist ihm nicht geworden, sich und seine Kraft kennenzulernen. Er schien den Göttern nicht Wert, einmal ein Unglück zu überwinden.'

Als Schande empfindet es der Gladiator, mit einem Schwächeren kämpfen zu müssen. Genau so macht es das Schicksal: Es sucht sich die Stärksten, die ihm Gewachsenen auf. An den Übrigen geht es verächtlich vorüber.

Du meinst, du seiest ein großer, ein starker und widerstandsfähiger Mensch? – Woher weißt du das, wenn das Schicksal dir nicht die Gelegenheit dazu gab, deine Tugend, deine Kraft an den Tag zu legen? – Denn zur Kenntnis seiner selbst bedarf es der Erprobung. Wahre Tugend denkt an ihr Ziel, nicht an ihre Leiden. *Dass und was* sie leiden und erdulden muss, ist ein Teil ihres Ruhmes.

Zittere also nicht vor dem, was die Gottheit als geistiges Anregungsmittel sendet. Jedes Missgeschick ist Gelegenheit, innere Kraft zu entwickeln. Kraft- und Tugendproben sind nie bequem. Schlägt dich das Schicksal, ist es nicht Grausamkeit sondern ein Wettkampf. Je öfter wir ihn bestehen, umso mehr Kraft gewinnen wir. Wir müssen dem Schicksal hingegeben werden, damit es uns gegen sich selbst zur Ausdauer gewöhne. Allmählich lehrt es uns, ihm gewachsen zu werdem.

Eine weise Führung leitet uns und hat schon bei unserem Eintritt in die Welt entschieden, wie viel jedem von uns zugeteilt sein soll. Doch geschieht nichts im Leben ohne Ursache. Eine Ursache steht unter dem Einfluss der anderen, und die Angelegenheiten und Geschicke des Einzelnen und des Ganzen hängen in langer Folgenreihe zusammen. Darum: *Mutig alles getragen, weil alles nicht zufällig eintritt, sondern notwendiges Glied in einer Kette der Ursachen und Folgen ist.*

Dass ein Mann in die Welt trete, dazu ist ein kräftiges Geschick vonnöten. Feuer erprobt das Gold, Widerstand kräftigt Naturen, deren Gesinnung kein Anprall widriger Schicksale ändern kann. So lehrt auch das Leben: Wer auf seine eigene Kraft vertraut, ist mächtiger als das Schicksal."

WILLE ALS WANDLUNGSKRAFT

Der Apostel *Paulus* beklagte seine mangelnde Willenseinheit, als er schrieb: *„Das Gute, das ich tun will, das tue ich nicht; aber das Böse, das ich nicht tun will, das tue ich."*

Ähnlich ergeht es vielen Menschen, ohne dass es ihnen bewusst wird, wie Seneca beschreibt:

„Warum sehen wir uns oft wider Willen in eine unerwünschte Richtung gedrängt und treiben gerade auf das zu, was wir meiden wollen? – Woher dieser Widerstreit mit uns selbst, der uns behindert, bei einem Willensentschluss zu bleiben? –

Vor allem ist es der Mangel an Einsicht und Zielstrebigkeit. Aber wie kann dieser Mangel behoben werden? – Es ist schon viel wert, wenn einer den Willen hat, sich selbst zu helfen, wenn er nicht zum Guten gezwungen werden muss. Denn schließlich muss jeder sich zuerst durch innere Widerstände hindurchkämpfen, bevor er die äußeren meistern kann. Das ist eine Frage der Willensschulung.

Weiter gilt es, neben der Einsicht die Kraft und Zielstrebigkeit des Willens durch ständige Übung und Erprobung zu steigern. Der Sieg über Widrigkeiten und Hindernisse ist oft nur eine Frage rechten Wollens. Das haben vor allem jene erkannt, die die Natur mit einem unzulänglichen Körper versehen hat. Aber vielleicht wollte sie diesen gerade damit vor Augen führen, dass eine tapfere und Glück verbürgende geistige Anlage in jeder Haut stecken kann und von der Körperverfassung unabhängig ist.

Einer meiner Freunde überwand alle körperbedingten Schwierigkeiten und stieg über die Gleichgültigkeit gegen seine körperlichen Gebrechen und Mängel empor zur Geringschätzung auch aller anderen Behinderungen und Schwierigkeiten. Er hat gezeigt, dass auch Körperbehinderte sich gegen jeden Widerstand durchsetzen können, *wenn sie es nur wollen.*

Im Willen zum Fortschritt, im Streben *und* in der ehrlichen Anstrengung nachzulassen, bedeutet Rückschritt. Denn keiner kann später in seiner inneren Höherentwicklung dort wieder anknüpfen, wo er mit dem Streben aufgehört hat, weil nicht betätigte Kraft verkümmert. Darum müssen wir *Eifer und Beharrlichkeit aufbringen* und stets bereit sein, *mehr zu tun,* als bisher geschafft wurde.

Ein großer Teil des inneren wie des äußeren Fortschritts liegt schon in dem *Willen* dazu. Deshalb gilt es sich sicher zu sein: *‚Ich will, und ich will es mit ganzem Herzen und mit all meinen Kräften.'* Dann wird das Leben eine Wohltat, während es im anderen Fall nur ein Da-Sein ist, ein Auf-der-Stelle-Treten oder ein Krebsgang. Sorgen wir darum, dass all unsere Zeit und all unser Wollen uns selbst gehören. Dann können wir am Ende sagen: ‚Ich habe gesiegt'."

SELBSTERKENNTNIS

Seneca berichtet von Harpaste, der blödsinnigen Sklavin seiner Frau, die plötzlich ihr Sehvermögen verlor. Da sie nicht wusste, dass sie blind geworden war, bat sie immer wieder den Aufseher, er möge mit ihr ausziehen. „Das Haus", sagte sie, „ist finster."

„Diese Erfahrung", meinte Seneca, „soll uns klar machen, dass das, was wir an jener Sklavin belächeln, uns allen begegnet. Niemand weiß, dass er geistig blind, dass er geizig, leidenschaftlich oder uneinsichtig ist. Die Blinden suchen wenigstens einen Führer; wir aber irren ohne Führer herum und betrügen uns selbst.

Nicht außerhalb von uns ist unser Gebrechen sondern in uns selbst. Und wir gelangen so schwer zur Genesung, da wir nicht wissen, oder aus mangelnder Selbsterkenntnis nicht wissen wollen, dass wir krank sind. Niemand lässt sich schwerer zur Natur zurückführen, als wer von ihr abgefallen ist.

Wir erröten, wenn wir erkennen, die Selbsterkenntnis und die Kunst rechten Lebens erst erlernen zu müssen. Aber wenn wir es als schimpflich oder peinlich empfinden, einen Lehrer dafür zu suchen, können wir auch gleich die Hoffnung aufgeben, die Einsicht könne uns zufällig zuteil werden. Nein, *wir müssen an uns arbeiten;* und diese Arbeit ist nicht einmal schwer, wenn wir nur mit der Erneuerung und Besserung unseres Gemüts, unseres Herzens beginnen, ehe seine Verkehrtheit sich erhärtet hat.

Doch auch an dieser Erhärtung zweifle ich nicht: Es gibt nichts, was nicht beharrlicher Fleiß, aufmerksame Sorgfalt und Gewöhnung überwinden können. Gebogene Balken dehnt die Wärme aus. Ganz anders gewachsen werden sie zu dem umgeformt, was unser Bedürfnis erheischt. Um wie viel leichter nimmt unsere biegsame, jede Flüssigkeit an Nachgiebigkeit übertreffende Seele eine neue Form an!

Niemandem kommt die gute Gesinnung eher als die Schlechte; wir alle sind uns im Voraus von letzterer eingenommen. Aber Tugenden erlernen heißt: *Verlerne Fehler zu tun.* Mit umso größerem Mut *müssen und können wir* zur Besserung unserer selbst schreiten, weil der Besitz des uns einmal zuteil gewordenen Guten ein *beständiger* ist.

Denn das widerstrebende Böse wurzelt auf fremdem Boden. Die Tugend ist unserer Natur gemäß – das Laster ihr ungemäß. Und nur der erste Weg zur Tugend ist steil, weil die erste Regung des schwankenden Herzens Angst vor dem noch Unversuchten ist. Man zwinge es daher, sodass es beginne. Dann ist die Arznei nicht herb; sie schmeckt gleich besser, wenn man spürt, dass sie heilt.

Weiterhin gehört zu rechter Selbsterkenntnis und Selbsterneuerung, dass man sich in der abendlichen Rückschau auf den abgelaufenen Tag prüft, was man gesagt, gedacht und getan hat, in welchen Punkten man besser wurde, um am kommenden Tage noch weiser und besser zu leben."

SELBST- UND LEBENSVERTRAUEN

Grundlage und Stütze eines glücklichen Lebens ist *Selbstvertrauen.* Das aber erwirbt nur, wer Mühe und Anstrengung gering schätzt. Seneca erläutert:

„Weise handelt, wer sein Gemüt von allem Äußerlichen abzieht und sich in sich selbst versenkt. Er vertraut sich selbst, hat Freude an sich selbst. Er zieht sich, so weit wie möglich, von allem seinem Wesen Ungemäßen zurück, fühlt nicht seine Verluste und gibt auch dem Widrigen eine milde Deutung.

Als dem Stoiker *Zeno* ein Schiffbruch gemeldet wurde, bei dem seine ganze Habe im Meer verloren ging, sagte er: ‚Das Schicksal heißt mich ungehinderter philosophieren.'

Durch solche Haltung muss und kann man sich alles leichter machen und mit leichtem Sinn ertragen. Es ziemt den Menschen mehr, das Leben zu belächeln als zu beweinen. Wer lächelt, macht sich um das Menschengeschlecht verdienter als der, welcher trauert. Denn er lässt Hoffnung zurück, während jener beweint, was er verbessern zu können bezweifelt. Am besten aber ist es, alles mit Gelassenheit aufzunehmen und im Vertrauen auf sich selbst und das Leben weder darüber zu lachen noch zu weinen. Je selbstgewisser und gelassener, desto glücklicher." – Soweit Seneca.

Mit dem Selbstvertrauen ist das *Lebensvertrauen* unlösbar gekoppelt. Die Maxime des Lebensvertrauens lautet: *„Habe Vertrauen zum Leben – und es trägt dich lichtwärts. Vertraue auf dein Glück – und du ziehst es herbei."*

Vergiss dabei nicht, dir den Blick nicht trüben zu lassen für *das, was wirklich ist,* selbst im Unglück. Wirklich ist der Geist des Lebens, der unendliche Geist des Guten, der nicht dein Wehe, sondern dein Wohl will.

„Das Leben", sagt Marc Aurel, „ist ein eitles Jagen nach Pomp, ein Guckkasten, wo ein Bild nach dem anderen abläuft. Aber mitten in diesem Getriebe fest zu stehen und selbstvertrauend mit ruhig-festem Sinn stets *das Beste zu erwarten, das ist unsere Aufgabe, das ist Lebenskunst."*

Ein Philosoph zu sein heißt mit einem Wort von *Horaz:* „Erhalte in stürmischen Zeiten sorgsam dein Herz in gelassenem Gleichmut!" –

Besinne dich darüber hinaus auf deine Kraft. Vertraue dir selbst und dem Sieg des Guten, dem du dienst! Überlasse den Ausgleich, wenn andere dich kränkten oder verletzten, dem Schicksal mit der Einstellung: ‚Wer mir schadet, wird vom Schicksal erzogen.'

Dieses Vertrauen zum Leben und zu der göttlichen Macht hinter allem Geschehen spendet größeren Trost als das ärmliche Gefühl, Rache genommen zu haben. Denn es wurzelt in dem Bewusstsein, dass das Gesetz der ausgleichenden Gerechtigkeit jedem genau das zuteilt, was ihm zukommt. Wer sich dessen bewusst bleibt, der steht unter dem Schutz des Höchsten.

TUGEND ALS LEBENSTAUGLICHKEIT

Im Anklang an das Wort *Ovids*: „Der Tugend ist kein Weg unwegsam“, nennt Seneca es das höchste Geschenk der Natur, dass die *Tugend* ihr Licht in alle Herzen trägt. Was er ‚Tugend' nennt, hat nichts mit Lohn-Moral zu tun, sondern entspricht dem, was man seit altersher die „Goldene Regel“ oder den Geist der Gegenseitigkeit nennt, der zugleich Bürge der Lebenstauglichkeit ist.

Mit Recht wendet Seneca sich gegen die Forderung, gut zu handeln, um von Gott oder dem Schicksal belohnt zu werden. Rechte Tugend hat nichts mit der berechnenden Hoffnung auf Gewinn zu tun. Sie tut das Gute um des Guten willen. Sie ist Träger des Guten und wird vom Geist des Guten getragen.

Der Weise wendet sich der Tugend unter Ausschaltung aller Nützlichkeitserwägungen zu, in der freudigen Bereitschaft, *dienlich zu sein*, Opfer zu bringen, *sich selbst zu verschenken.* Wenn dabei Beglückungen folgen, wertet er diese als Zugaben, denn der Lohn der Tugend liegt in sich selbst.

„Für den, der den Weg der Tugend geht“, äußert sich Seneca hierzu, „ist jeder Schritt ein sicherer. Er erfährt, ohne zu gieren, Freuden und Förderungen. Aber diese werden nicht seine Herren, sondern seine Diener sein. Sie werden ihn ebenso wenig aus der Bahn werfen wie Missgeschicke und Leiden.

Wer der Gottheit gehorcht und alles, was kommt, mit Seelenruhe aufnimmt, steht auf einer Höhe, von der er durch nichts herabgezogen werden kann, wo weder Schmerz noch Hoffnung oder Furcht Zutritt haben. Auf diese Höhe erhebt ihn die Tugend; er wird dort unerschütterlich stehen und im Gewisssein, dass jede Lage naturgesetzlich bedingt ist, willig ertragen, was immer auch kommt. Das einzige Gebot, dem er folgt, ist: *Folge der Gottheit!* – Lass dich von innen und oben her leiten! Wer über das Geschick klagt und sich sträubt, wird gewaltsam vorwärts gezwungen. Ist es da nicht besser, willig zu folgen, als sich schleppen zu lassen – nicht besser, etwas zu wollen, als zu müssen? –

Ertragen wir darum willig, was zu erdulden ist, mit hohem Geiste. Vergessen wir nie, dass wir in einem Königreich geboren sind, als Erben des Höchsten, und dass der Gottheit zu gehorchen, Freiheit ist.

In der Tugend und der gelassenen Pflichterfüllung liegen wahres Glück und der Beweis unserer Lebenstauglichkeit.

Welchen Rat sie dir erteilt, willst du wissen? – Du sollst nichts an sich für ein Gut oder für ein Übel halten, sondern unerschütterlich bleiben, auf dass du der Gottheit ähnlich wirst, so weit dies möglich ist.

Was sie dir dafür verheißt? – Etwas Großes, Göttergleiches: Du kannst zu nichts gezwungen werden, wirst keines Menschen bedürfen sondern frei und sicher sein, nichts vergeblich suchen und versuchen, in nichts gehindert sein. Alles wird dir nach Wunsch gehen."

Was braucht der noch, der alle Schätze in sich weiß?

GELASSENHEIT

Das höchste Gut, das uns jederzeit Überlegenheit verbürgt, ist *Gelassenheit.* Um sie zu erwerben, müssen wir nach Senecas Worten „ständig an unserer Vervollkommnung arbeiten, Irrtümer überwinden und einsehen, dass die Unzulänglichkeiten, die wir um uns wahrnehmen und uns noch nicht überwundene eigene Unvollkommenheiten bewusst machen sollen. Nur der Unweise schreibt Widrigkeiten anderen Menschen, den Ortsverhältnissen und Zeitumständen zu. In Wirklichkeit aber begleiten sie ihn, wohin er auch geht, solange er nicht zur Gelassenheit gefunden hat.

Wen etwa noch Beschimpfungen kränken, der legt an den Tag, dass er weder Klugheit noch Selbstvertrauen besitzt. Er sieht sich als ‚verachtet' an, was bedeutet, dass er sich selbst beugt und herabsetzt.

Der Weise hingegen fühlt sich von niemandem verachtet. Er ist sich seiner Hoheit bewusst und entsagt sich selber nie dergestalt, als dass er einem anderen Gewalt über sich einräumt. Seine Gegner stehen zu tief unter ihm, als dass sie ihn herabsetzen könnten. Er denkt von ihnen, wirwir von Kindern denken. Er nimmt ihre Schimpfworte als Scherz. Nur manchmal zeigt er ihnen, wie den Kindern, den Ernst, mahnt und straft zur Besserung für sie.

Bei völliger Ruhe unerschüttert zu bleiben ist nichts Besonderes. Das aber bewundere, wenn einer sich aufrichtet, wo alle niedergeschlagen sind, wenn er steht, wo alle am Boden liegen.

Was ist denn das Üble bei allem Widrigen? – Nur das, dass der Geist sich davon lähmen, beugen und überwältigen lässt, was bei einem Weisen nicht möglich ist.

Der Weise steht gelassen aufrecht; nichts macht ihn kleiner, nichts missfällt ihm. Er kennt seine Kräfte und weiß, dass er seine Last zu tragen imstande ist. Ich behaupte nicht, dass er keinen Schmerz empfindet, wie etwa ein Fels; er ist aus zwei Teilen zusammengesetzt: einem vernunftlosen, der verletzt werden und Schmerz empfinden kann, und einem vernünftigen, der unerschütterlich, unerschrocken und unbezwinglich ist. In diesem wohnt jene höchste Fähigkeit des Menschen: *die Gelassenheit.*

Der Weise kann zittern, Schmerz empfinden und erbleichen; denn das sind Empfindungen des vernunftlosen Teils seines Wesens, des Körpers.

Wo also ist das wahre Übel? – Es ist da, wo die Empfindungen des Körpers den Geist niederziehen, wenn sie ihn zum Geständnis der Unterwürfigkeit verleiten. Der Weise aber überwindet das Übel durch die Tugend der Gelassenheit.

Der noch Unvollkommene wird notwendigerweise schwanken, bald einmal vorwärtsgehen und bald wieder zurücksinken. Er wird immer wieder straucheln, wenn er nicht beharrlich und gelassen einfach weiterschreitet. Gewöhnen wir uns deshalb an die Gelassenheit und Beharrlichkeit. Ein großer Teil des Fortschritts ist es schon, fortschreiten zu wollen. Wo dieser Wille lebendig ist, ist der Weg frei."

SELBSTVERVOLLKOMMNUNG

Viele sehnen sich nach der ‚großen Aufgabe', durch deren Erfüllung sie sich aus der Masse herausheben würden. Sie suchen danach in der Ferne – und übersehen dabei, was ihnen eigentlich am nächsten liegt: Die Kraft der Erfüllung der großen Aufgaben des Lebens fließt aus der Meisterung der kleinen Dinge des Alltags. Wer im Alltag ständig danach strebt, sich selbst zu vervollkommnen und Herr seiner selbst zu sein, der tut mehr zur Besserung der Welt, als er ahnt.

Mit der Selbstvervollkommnung ist es wie mit der Mehrung der Weisheit: Für beides stehen uns alle Kräfte und Hilfsmittel zur Verfügung. Zudem sind wir, wie Seneca betont, „die Erben aller Großen und Vollendeten der Menschheit. Für uns haben sie die Schätze der Lebensweisheit erarbeitet und angehäuft. Seien wir deshalb gute Haushalter! Nützen und vermehren wir, was wir empfangen haben, *indem wir es leben!* Geben wir dieses Erbe reicher an die folgenden Geschlechter und Generationen weiter! Denn es bleiben noch viele Aufgaben auf dem Wege fortschreitender Vervollkommnung, und so wird es auch in Zukunft sein. Mag einer auch tausend Generationen nach uns geboren werden, er wird immer noch neue Einsichten gewinnen und neue Schritte zu noch höherer Vollendung tun können.

Die meisten Menschen befassen sich zu viel mit dem Körper und zu wenig mit dem geistigen Teil ihres Wesens. Für den Weisen hingegen ist der göttliche Teil seiner selbst – sein Selbst – wichtiger als alles Vergängliche an ihm. Er weiß, wie beglückend das Streben nach Selbstvervollkommnung ist, weil es den Menschen geistig freier macht und würdiger, um in Beziehung zur Gottheit zu treten.

Der höchste Gipfel menschlichen Geschickes ist erreicht, wenn einer nach Überwindung alles Unguten und Vergänglichen an ihm und um ihn herum über sich selbst hinausschreitet, und sich in die Höhe erhebt, ins Innere der Natur blickt, sich zwischen den Sternen bewegt und seiner Gottnähe bewusst wird.

Es darf als Beweis seiner Göttlichkeit angenommen werden, dass göttliche Dinge ihn begeistern. Er nimmt am kosmischen Geschehen teil wie an etwas, das ihn zutiefst angeht. Er weiß, dass alles zu ihm in Beziehung steht, mit ihm innerlich verbunden und eins ist. Hier fängt er an, Gott zu erkennen. Denn was ist Gott anderes, als der unendliche Geist des Weltalls."

Alle großen Geister der Menschheit haben dem Menschen dieses hohe Ziel gesetzt, das sie selbst erreichten und das – wie ihre Botschaften und die aller Religionen künden – jeder Einzelne zu erreichen, seinem innersten Wesen nach, berufen und befähigt ist.

Senecas Weisheit zu folgen ist ein Weg zu diesem Hochziel. Ob und wie weit wir diesem Wege folgen und welche Höhen wir erklimmen, liegt an uns.

VERVOLLKOMMNUNGSSTUFEN

Die Übel des Daseins lassen sich erfolgreich nur dadurch bekämpfen und überwinden, indem wir uns selbst vervollkommnen in der Weisheit und der Liebe. Seneca teilt die danach Strebenden in drei Gruppen:

„Die *erste Gruppe* umfasst die, welche die Weisheit zwar noch nicht besitzen, aber doch schon in ihrer Nähe angelangt sind. Es sind jene, die schon alle Leidenschaften und Fehler abgelegt haben und alles lernten, was sie in der Erdenschule aufzunehmen hatten, deren Selbstvertrauen aber noch nicht erprobt ist; sie haben ihr ‚Gut' noch nicht in der Übung. Sie wissen nicht, dass sie wissen. Es ist ihnen zwar schon das Glück geworden, ihr Gut zu genießen, aber noch nicht, darauf zu bauen. Sie sind den Krankheiten der Seele bereits entgangen, aber nicht den Affekten.

Um das zu erklären: *Krankheiten* sind veraltete und verhärtete Gebrechen wie Habsucht und Geiz; haben sie sich einmal des Gemüts bemächtigt, so haben sie auch schon begonnen, beständige Übel desselben zu werden. *Affekte* sind plötzliche und heftige Ausbrüche des Gemüts, die, häufig eintretend und vernachlässigt, Krankheiten erzeugen; ähnlich eines Katarrhs, der dauernden Husten und Schwindsucht auslösen kann.

Daher sind die Fortgeschrittensten von Krankheit frei, Affekte aber empfinden auch die der Vollendung Nahestehenden.

Die *zweite Gruppe* besteht aus denen, die zwar die größten Übel und Affekte des Gemüts abgelegt haben, jedoch nur insofern, als sie noch nicht im sicheren Besitz der Sorglosigkeit hinsichtlich ihrer selbst sind. Sie können noch in den früheren Zustand zurückfallen.

Die *dritte Gruppe* ist frei von vielen und großen Gebrechen, aber nicht von allen: Sie hat sich z. B. der Habsucht entäußert, fühlt aber noch Zorn; sie wird nicht mehr von Wollust angefochten, wohl aber vom Ehrgeiz; sie begehrt nichts mehr leidenschaftlich, fürchtet aber noch dies oder jenes, sie verachtet den Tod, scheut aber den Schmerz. –

Es steht wohl um uns, wenn wir auch nur der ersten Gruppe angehören. Bei sehr glücklicher Anlage und großem, ausdauerndem Eifer wird auch die zweite Stufe erreicht; ebenso wird es sein, die dritte Stufe anzugehen.

Bedenke, wie viel Böses du um dich herum erblickst, wie viel täglich gesündigt wird, und du wirst einsehen, dass wir schon viel erreichen, wenn wir nicht zu den Schlechtesten gehören."

Aber welch herrlicher Lohn erwartet uns, wenn wir uns von den uns anhaftenden Mängeln und Leiden völlig loslösen! Weder Begierden noch Furcht wird uns dann berühren; wir werden weder vor dem Tode noch vor dem Schicksal erbeben. Uns erwartet die Seelenruhe und Gelassenheit des Weisen und, nach Verbannung aller Irrtümer, *vollkommene Freiheit:* die Freiheit, nichts mehr zu fürchten und völlig Herr unserer selbst zu sein.

RECHTE LEBENSWERTUNG

Ob einer, in jeder Lage, Besonnenheit und Zufriedenheit äußert, gegen seine Mitmenschen gerecht ist und aus allem, was ihn trifft, nach erfolgter Prüfung das Bestmögliche und Treffsicherste macht, ist eine Frage der Lebenswertung.

„Es gilt", wie Seneca sagt, „stets daran zu denken, dass unser Leben gleich einem Kleinod nicht viel Raum einnimmt, wohl aber viel wiegt. Nach unserem Wirken wollen wir uns messen, nicht nach der Zeit. Preisen wir darum den, der die Zeit, die ihm zuteil ward, gut angewandt hat. Denn er hat das wahre Leben erblickt; er war nicht einer von vielen, sondern ein Eigener: Er hat gelebt und gewirkt.

Was fragst du, *wie lange* er gelebt hat? – Er *hat* gelebt und ist, weil er recht gelebt hat, auf die Nachwelt übergegangen. Wie ein Mensch auch bei kleiner Statur vollständig und ein großer Mensch sein kann, so kann auch das Leben, selbst bei kurzer Dauer, ein vollständiges und vollendetes sein. Das Alter gehört zu den äußeren Dingen. Wie lange ich da bin, unterliegt nicht meinem Willen; wie lange ich aber *meines Lebens Gestalter und Herr* bin, das hängt allein von mir ab.

Du fragst, was der weiteste Raum für ein Leben sei? – *Bis zur Weisheit zu leben.* Wer bis zu ihr gelangt, hat nicht das entfernteste, sondern das höchste Ziel erreicht."

„Der Weise, der sich, sein Leben und seine Umwelt recht wertet", so fügt Marc Aurel hinzu, „richtet sich nicht nach den Meinungen, Maßstäben und Grundsätzen anderer, sondern blickt, selbstvertrauend und unverwandt, auf das hohe Ziel, zu dem sowohl sein eigenes Wesen ihn hindrängt, als auch der Geist des Lebens ihn hinzieht und leitet durch alles, was ihm begegnet. Er weiß zudem, dass die gleiche weisheitsvolle Führung, die den Ablauf seines Daseins lenkt, auch das gemeinsame Schicksal aller, langsam aber sicher, lichtwärts leitet, zumal alle Wesen zum Zusammenwirken geschaffen sind.

Wer sich, in Verkennung dieser Tatsache, gegen andere wendet, schadet immer zuerst sich selbst. Diese Einsicht wird dich umso mehr segnen, wenn du Folgendes immer wieder bejahst: ‚Ich bin ein lebendiges Glied in der Gesamtheit aller Geistwesen!'

Wenn du so denkst, wirst du dein Leben in Seelenruhe und Zufriedenheit verbringen und zwar auch gegen den

Widerstand der Umwelt. Denn wie immer die Umwelt sich verhält, deine Seele kann dessen ungeachtet rein und besonnen, gerecht und gelassen bleiben. Sie gleicht einer klaren und starken Quelle, die nie aufhört, ihren Labetrunk hervorzusprudeln. Vergiss nie, dass diese nie versiegende Quelle der Reinheit und Kraft *du selbst* bist: dein göttliches Selbst, der Genius in dir. Wenn jemand Schmutz in diese Quelle wirft, wird sie diesen alsbald wieder hinwegspülen, ohne dadurch getrübt zu werden."

WEISHEIT DES LEBENS

Höher als Wissen ist Weisheit. Alles Wissen der Welt macht weder weise noch glücklich; mit der Zunahme der Weisheit aber wächst die Ruhe und Gelassenheit des Herzens und die Kraft, das Leben zu meistern. Seneca führt dazu aus:

„Fachliches Wissen ist nützlich, wenn es der Schulung des Geistes dient, nicht aber, wenn es uns von höheren Aufgaben abhält. Im Grunde gibt es nur eine Art wissenschaftlicher Betätigung, die eines denkenden Menschen würdig ist: Das ist das *Studium der Weisheit.*

Ein Musiker zeigt mir z. B., wie hohe und tiefe Töne eine Harmonie ergeben, wie Saiten verschiedener Tonhöhen zusammenklingen. Besser wäre es dafür zu sorgen, dass in meinem Inneren Harmonie herrscht und dass meine Gedanken und Entschlüsse, Worte und Taten harmonisch zusammenklingen.

Der Geometer lehrt mich, großen Landbesitz zu vermessen. Er sollte mir besser beibringen, wie ich erkenne, wann der Mensch genug hat.

Ein Mathematiker lehrt mich den Umgang mit den Zahlen. Müsste er aber berechnen, was er an sich selbst hat, wäre er dazu kaum fähig. Du kannst den Kreisumfang oder die Entfernung der Sterne berechnen, aber wenn du ein Meister dieser Kunst bist, lege deinen Maßstab an den menschlichen Geist und sage mir, wie klein oder groß er ist.. ...

Du weißt, was eine gerade Linie ist; aber was nützt es dir, wenn du nicht verstehst, im Leben eine gerade Linie einzuhalten? –

Das aber lehrt die Weisheit. Darum ist die Weisheit mehr als Wissen: Sie hilft uns, alle erreichbaren Erkenntnisse unserer geistigen Höherentwicklung dienstbar zu machen. Das bedeutet Unabhängigkeit von den Gesetzen, die alle Wesen binden und den Gesetzen, die ihnen gesteckt sind.

Alle Zeitalter dienen dem Weisen: Aus der Vergangenheit schöpft er neue Erkenntnisse und Kräfte, die Gegenwart nutzt er voll, und die Zukunft nimmt er vorweg. So macht er sein Leben lang, fruchtbringend und reich.

Ein Kennzeichen des Weisen ist, dass Beeinträchtigungen, die andere niederwerfen, ihm nichts anhaben können und niemand ihm wirklich schaden kann. Drängen sich auch alle Nöte der Welt um den Weisen zusammen, sie machen ihn nicht wanken. Und wenn ihn die Angriffe des Schicksals nicht aus der Bahn werfen, wie viel weniger dann die der Menschen, die doch, wie er weiß, nur Handlanger des Schicksals sind."

Wer, wie der Weise, erkannt hat, dass selbst der Tod kein Übel ist und keine Beeinträchtigung seines Wesens, der wird alles, was geringer ist als der Tod, gelassen ertragen: Verluste, Kinderlosigkeit, Trennung, Verbannung und Schmach.

WEISHEITEN VOM WEGE

„Im Grunde gibt es für den Menschen nur *ein* Unglück“, sagt Seneca, „nämlich, dass er Dinge, Umstände und Ereignisse *als Unglück ansieht.* Denn eben dadurch macht er sie dazu.“

Er fügt hinzu: „Wer weise werden will, muss als erstes erkennen, dass jeder Zustand und Umstand einstellungsabhängig und dem Wechsel unterworfen ist, dass alles, was anderen geschah, auch ihm zustoßen kann und dass alles überwindbar ist.

Als zweites sollte er dem Hin- und Herrennen Einhalt gebieten, das vielen Menschen eigen ist, die die Straßen, Marktplätze und Versammlungsstätten füllen und ohne Lebensziel umherschweifen, nur um das zu tun, auf das sie gerade stoßen, statt zielbewusst das zu erledigen, was sie sich vorgenommen haben. Wer viel treibt, betreibt und sich viel herumtreibt, räumt dem Zufall Gewalt über sich ein.

Drittens gilt es, die Forderung der Natur zu erfüllen, durch sein Dasein und Wirken möglichst vielen Wesen zu nützen. Geht das nicht, dann wenigen, geht auch das nicht, dann seinem Nächsten. Wer sich für andere nützlich macht, dient dem Ganzen und wird im gleichen Maße vom Ganzen getragen und gefördert. Wer sich verschlechtert, schadet nicht nur sich selbst, sondern auch allen, denen er, wäre er besser geworden, hätte nützlich sein können.

Dass so viele schlechter sterben, als sie geboren wurden, ist ihr eigener Fehler, nicht der der Natur. Diese könnte sich mit Recht beklagen: ‚Ich habe euch ohne Furcht und Begierden, Aberglauben, Entschlusslosigkeit und all die anderen Gebrechen geschaffen, mit denen ihr euch herumplagt; so geht doch hinaus, wie ihr eingetreten seid!’

Derjenige hat die Weisheit erfasst, der richtig lebt und ebenso sorglos von dannen geht, wie er geboren wurde.

Aber die wenigsten sorgen sich darum, dass sie *weise* werden. Sie bekümmert nur, dass sie *lange* leben, obwohl es allen gelingen kann, weise zu leben, keinem aber, sein Dasein über das ihm bestimmte Maß hinaus zu verlängern."

Marc Aurel ergänzt, dass es vor allem gilt, bewusst zu leben, wenn man weiser werden will: *„Bewusst lebt,* wer den Augenblick ansieht als die einzige Zeit, die ihm gehört und erkennt, dass es unwichtig ist, ob er im Kreislauf ewigen Wandels dieselben Dinge kürzere oder längere Zeit um sich hat. Denn auch im Tode verliert man nur den *gegenwärtigen Augenblick,* weil man nur diesen besitzt. – Nütze darum jeden Augenblick, jede Stunde, jeden Tag, als wäre er der letzte, und gib ihm dein Bestes. Mache dich dabei weder zum Tyrannen noch zum Sklaven anderer Menschen. Darauf beruht die Glückseligkeit des Lebens. So lebend bist du wie ein Priester; innig vertraut mit der Gottheit, die in dir ihren Tempel hat und dich fähig macht, deine Bestimmung zu erfüllen, auf deiner Bahn zur Vollendung."

DIE GOLDENE REGEL (1)

Nach Senecas Worten gehört zur rechten Lebenskunst und -weisheit, die Befolgung der *„Goldenen Regel"*, die nur von wenigen beachtet und verstanden wird

„Die meisten verstehen es weder, Gutes zu tun, noch recht zu nehmen. Sie beklagen sich, dass ihre Gaben entweder unerwidert geblieben sind oder sie mit Undank belohnt wurden. Sie sehen nicht, dass *sie selbst* der Grund dafür waren – durch die Art ihres Gebens. In Wahrheit dankt die Umwelt uns für Wohltaten mit der gleichen inneren Haltung, mit der wir geben. Weise handelt deshalb, wer freudig zu geben versteht und dann nicht mehr daran denkt. –

Schlechte Erfahrungen sollten uns nicht hindern, im Vollbringen guter Taten unermüdlich fortzufahren. Es ist ein Kennzeichen rechter Gesinnung, dass man nicht auf die Früchte des Gebens achtet oder nach dafür Würdigen ausspäht, sondern allein *um des Gebens willen* gibt. Höre darum nicht auf und spiele die Rolle eines guten Menschen ganz zu Ende. Hilf dem einen durch *materielle Unterstützung,* dem anderen durch dein *Vertrauen,* dem dritten durch *freundliche Aufnahme,* einem vierten durch *guten Rat,* einem fünften durch *fördernde Anleitungen.* Für Liebesdienste haben auch die Tiere einen Sinn; kein Tier ist so wild, dass es nicht durch *liebevolle Behandlung* gebändigt werden könnte.

Wer hingegen Gutes im Blick auf späteren Lohn tut, das Gut-Tun als Geschäft betrachtet, wird notwendigerweise enttäuscht. Guttun wird durch das Schielen auf Belohnung nicht gefördert sondern entwürdigt! Rechtes Geben verlangt *volle Hingabe* und fordert Opfer unter Ausschaltung aller Nützlichkeitserwägungen. Es ist die freudige Hingabe um des Gebens willen – *Gut-Tun um des Guten willen* – aus dem Verlangen, keine Gelegenheit zu versäumen Gutes zu wirken, wenn man dadurch anderen ihre Mühen erleichtert oder ihre Sorgen mindert.

Der rechte Geber schaut aus nach dem Wohlergehen des Empfängers, nicht nach dem eigenen; sonst wäre es Selbst- oder Eigenliebe. Das Gute soll aus keinem anderen Grunde erstrebt werden als allein deshalb, weil es gut ist. In solcher Nächstenliebe und dem Dienst am Nächsten liegt zugleich die rechte Gottesverehrung."

Mit Recht heißt es: „*Die im Guten vorangehen, werden Gott am nächsten steh'n.*"

Eine uralte Weisheit bestätigt es: „Wer das Gute stärkt, wo immer er es findet, bei Arm oder Reich, Hoch oder Niedrig, der allein dient wirklich dem *Ganzen.* Und nur wer dem Ganzen dient, dient wahrhaft sich selber."

Derjenige folgt der *Goldenen Regel rechten Verhaltens,* der das, was er für sich selbst an Gutem wünscht, *zuvor anderen* erweist. Solch Denken und Handeln erhöht seine Glückwürdigkeit und sein Glücklichsein von innen her. Es ist von äußeren Einflüssen unabhängig, weil es, im Innersten seines Wesens wurzelnd, so unzerstörbar ist, wie sein Selbst.

DIE GOLDENE REGEL (2)

Um weiser und glückfähiger zu werden, müssen wir, wie Seneca uns weiter lehrt, nicht nur lernen, *gerne zu geben* – im Geiste der Goldenen Regel rechten Lebens – sondern auch, *freudig zu empfangen:*

„Als *Spender* des Guten sollen wir erkennen, dass wir nichts in Rechnung zu stellen haben; als *Empfänger,* dass wir, über das uns Zuteilgewordene hinaus, zum Gutsein und Gut-Tun aufgefordert sind.

Wie überall und immer bestimmt die *Gesinnung* den Wert einer Leistung. Nicht Geldeswert macht das Wesen und den Wert rechten Gebens und Empfangens aus, sondern die Einstellung, aus der heraus etwas getan *und* entgegengenommen wird. Die Gesinnung ist es, die selbst die winzigste Gabe groß macht. Rechtes Geben ist ein Handeln, zu dem man aus innerstem Antrieb bereit ist, das im Spenden selbst Freude empfinden lässt und auch dem Beschenkten nur Freude bereitet.

Ein rechter Geber ist demgemäß, wer das, was er gibt, *gerne gibt,* mag es groß oder klein sein; jener, der es als

Geschenk und Beglückung empfindet, dass er *geben durfte,* ohne dabei mit Gegengaben zu rechnen.

Wir geben richtig, wenn wir so schenken, wie wir selbst empfangen möchten – schnell und ohne Zögern und Hintergedanken. Recht handelt, wer Wünschen anderer zuvorkommt, um sie der Notwendigkeit des Bittens zu entheben. Noch besser ist es, wenn der Beschenkte nicht weiß, von wem er die Gabe erhielt. Denn, wer möchte, dass er es weiß, der sucht im Grunde einen Schuldner.

Richtig geben heißt mit Weisheit geben. Man muss darauf achten, dass man nicht zur unrechten Zeit und am unrechten Ort die unrechten Mittel gibt. Es gibt Dinge, die schädlich sind für die, die sie erstreben und empfangen. Manchmal ist nicht zu geben oder zu gewähren, auch eine gute Tat. Wohltaten sollen nicht nur Freude, sondern dauernden Segen bringen.

So handelnd erweist sich der gute Mensch als Schüler und Nacheiferer Gottes, des Geistes alles Guten. Sein Gutsein durchlichtet und veredelt alles Leben. Seine Güte macht ihn zum Meister über fremde wie eigene Not. Seine Güte nimmt zu, je mehr sie sich verschenkt; je umfassender sie wird, desto weiter erstreckt sich die Fähigkeit, glücklich zu sein und glücklich zu machen."

Diese Fähigkeit ist zugleich der sicherste Schutz dagegen, dass, wie Seneca sagt, „Freudenzeiten selten lange dauern."

„Lass keinen Tag zu Ende gehen,
An dem, noch eh' der Abend naht,
Nicht ein Liebeswerk von dir gescheh'n,
Sei's gutes Wort, sei's gute Tat".

Wer diesem alten Rat folgt, der schafft schließlich gewohnheitsmäßig ständig neue Freudentage und erhebt sich damit unmerklich über den Wechsel und Wandel der Dinge.

GEMÜTSRUHE UND GELASSENHEIT

In der Nähe der Weisheit wohnt die Ruhe. Wenn wir sie nicht in uns finden, suchen wir sie in der ganzen Welt vergeblich, wie Seneca uns belehrt: „Erstes Anzeichen einer gesunden Geistesverfassung ist, dass man gelernt hat, zur Ruhe zu kommen und bei sich selbst zu verweilen. Wer überall sein will, ist nirgends zu Hause.

Schon *Plutarch* sagt von der Gemütsruhe, dass sie jede Erregung und Aufwallung von vornherein ausschließt und jede Beeinträchtigung des seelischen Gleichgewichts fernhält.

Aber wie gelangt man dahin, dass das Gemüt in sich immer gleich bleibt und seinen eigenen Zustand mit Vergnügen betrachten kann, dass es diese *Euthymia,* diese wohlgemute Freude, wie die Griechen es nennen, nicht unterbricht, sondern in dieser Gelassenheit verbleibt? – Und wie beseitigt man den Wankelmut, den Überdruss und das Missfallen an sich selbst, den Neid über das Emporkommen anderer, den Zorn gegen das unfreundliche Schicksal, die krankhafte Sucht nach Veränderung, kurz: *die ruhelose Flucht des Menschen vor sich selbst?*

Das Beste hiergegen ist, wie *Athenodorus* sagt, seine täglichen Aufgaben, seine beruflichen Pflichten voll und ganz zu erfüllen. Denn wie es für einen Athleten das Beste ist, wenn er seine Muskeln *ständig* durch Anstrengung stärkt, so gilt für uns, in *steter Tätigkeit* zu sein. Eine große Seele findet aber auch in der Freizeit, im Privatleben genug Gelegenheit, sich frei zu entwickeln und jedem Überdruss am Leben zu entgehen.

Neben dem äußeren Tätigsein müssen wir oft *in uns selbst hineinschauen.* Denn das sicherste Fundament der Gemütsruhe und Gelassenheit ist das eigene Selbst, und der kürzere Weg dorthin ist *die Selbsteinkehr.*

In zweiter Linie gilt es dann, auf jene zu schauen, für die oder mit denen wir zu wirken haben. Bei ihnen, wie bei uns selbst, werden wir den Maßstab prüfend anlegen, damit nicht Dinge unternommen werden, die unserem, wie ihrem Wesen und Vermögen, nicht gemäß sind.

Sodann werden wir immer erneut prüfen, worauf wir uns einlassen und unsere Kräfte mit den Aufgaben vergleichen, an die wir uns wagen. Denn immer muss der Bewegende mehr Kraft haben, als die Last. Zudem sind manche Geschäfte vielleicht nicht groß, aber folgenreich und ziehen andere Aufgaben nach sich. Auch sehe man darauf, dass man nichts beginnt, von dem man später nicht leicht zurücktreten kann.

Ebenso wird man bei der Wahl seiner Mitarbeiter überlegen, ob sie es wert sind, dass man ihnen einen Teil seiner Zeit, ja seines Lebens opfert – und ob ihnen die Hergabe unserer Zeit auch wirklich zugutekommt. Erquickend ist es, wenn wir unter diesen treue Freunde finden, deren Gegenwart uns beruhigt. Dazu gilt es solche zu wählen, die, soweit als möglich, frei von Leidenschaften sind. Ihre Gelassenheit wird auch uns dienlich sein.“

RECHTE SICHT

Um die Ruhe des Gemütes zu sichern, bedarf es der *rechten Sicht.* Es gilt, uns in Bezug auf uns selbst und andere, auf Dinge und Umstände von falschen Ansichten und Meinungen frei zu halten. Gleich notwendig ist, nach Seneca, das *rechte Gehör:*

„Unser Ohr sollen wir nie denen leihen, die falsche Anschuldigungen gegen Dritte vorbringen. Ebenso sollten wir die Miene, das Lachen oder die Worte anderer nicht falsch auslegen und uns dadurch verstimmen oder in Erregung versetzen lassen. Vermutungen trügen zumeist. Hier ist Unbefangenheit nötig, ebenso wohlwollende Beurteilung der Umstände.

Sagt man dir von einem, er habe übel von dir gesprochen, so überlege, ob du es vielleicht zuvor getan hast; besinne dich, von wie vielen du so sprichst. Manche tun uns nicht Unrecht, sondern erwidern es nur; andere wissen nicht, was sie tun; wieder anderen lag die Absicht fern, uns wehe zu tun. Frage jeder sich selbst, wie oft er in falschen Verdacht geriet oder, wie viele er erst, nachdem er sie gehasst hat, zu lieben anfing, so wird er nicht so schnell zürnen, zumal, wenn er sich bei vermeintlichen Kränkungen, im Stillen sagt: ‚So habe ich es auch schon gemacht. ...“

Marc Aurel ergänzt Senecas Worte: „Erkenne, dass ein Mensch, der sich gegen dich wendet, aus Unwissenheit handelt und dir zudem verwandt ist: nicht vom Blute, sondern vom Geiste und von der göttlichen Bestimmung her! Darum sind Streit und Feindschaft der Menschen untereinander wider die Natur und Kränkung des göttlichen Geistes, der uns alle eint.

Aus zwei Gründen solltest du mit dem, was dir widerfährt, einiggehen und zufrieden sein: einmal, weil es dir wie eine heilsame Medizin verordnet wurde, weil es in Verkettung mit einer langen Reihe vorausgegangener Ursachen, von der Vergangenheit her, auf dich Bezug hatte, und weil dein Dasein und dein Geschick ein harmonisches Ganzes bilden. Zum anderen, weil es für den göttlichen Lenker des Weltgeschehens Teil seines gedeihlichen Wirkens ist. Das Weltganze würde in seiner Harmonie gestört, wenn du am Zusammenhang der Teile, wie der wirkenden Ursachen, etwas gewaltsam ändern wolltest. Und das versuchst du, wenn du unzufrieden, ungelassen und auf Abwehr eingestellt bist.

Bei allem, was dir widerfährt, richte deinen Blick zuerst in dein eigenes Inneres. Dann letztlich liegt hier die Ursache dessen, was dich noch leiden lässt. *Sieh' und tu' das Gute und erwarte dafür keinen Lohn;* denn du bist dazu da, Gutes zu tun.

Wer solchermaßen bewusst und willig dem Ganzen dient und bei allem, was ihm begegnet, gelassen bleibt, der empfängt von selbst das Seinige und das, was ihm zusteht."

RECHTES VERHALTEN

Der Förderung der Gemütsruhe und Gelassenheit ist weiter dienlich, dass man bei den Verrichtungen und Geschäften des Alltags auf seine Denk- und Verhaltensweise achtet und in allem Ruhe und Überlegenheit beweist. Seneca rät uns hierbei, dass wir, „weder in eigenen noch in fremden oder öffentlichen Angelegenheiten etwas unternehmen, was die eigenen Kräfte übersteigt, da im anderen Falle kein Tag ohne Widrigkeiten vorübergeht."

Er bringt weiterhin zum Ausdruck: „Selbes gilt für häusliche Angelegenheiten: Sooft du etwas unternimmst, miss dich selber – und zugleich das, was du im Sinn hast zu tun, damit die Unzufriedenheit über ein Werk, das du nicht vollenden konntest, dich nicht verdrossen macht.

Ebenso ist rechtes Verhalten im Umgang mit anderen geboten, etwa, wenn jemand dich beleidigt. Hast du die Beleidigung selbst als wahr empfunden, prüfe die Gesinnung derer, die dich kränkten.

Ist's ein junger Mensch? So halte es seiner Jugend zugute; sie weiß noch nicht, ob sie recht oder unrecht tut.

War's ein Weib? – Dann irrt es sich aus Liebe.

Ist's einer, der von dir beleidigt wurde? – Da geschieht dir kein Unrecht, wenn du leidest, da du's zuerst tatest.

Ist's ein Unglücksfall? – Er wird leichter vorübergehen, wenn du dich darin schickst.

Ist's ein rechtschaffener Mann, der dir ein Unrecht zufügt? – Glaube es nicht!

Ist's ein schlechter Mann? – Ärgere dich nicht; wie er's an dir verdient hat, wird er von einem anderen bestraft werden; ja, er ist schon durch sich selbst gestraft, der Unrecht tut.

So, wie du allem, was dir widerfährt, *gelassen* begegnest, wirst du erfahren, dass es sich von selbst besser anlässt, als du dachtest.

Auch bei Schmerzen achte auf rechtes Verhalten. Körperliche Schmerzen werden leichter erträglich, wenn die Einbildung sie nicht vergrößert, wenn man sich besinnt und sagt: ‚Es ist unbedeutend', oder, ‚ich halte es aus', und ‚es geht vorüber!'

Was man für leicht hält, macht man leicht. Alle Gefühle und Umstände sind abhängig von den Gedanken, die man daran knüpft und von der Haltung, die man zu ihnen einnimmt. Jeder ist so unglücklich oder glücklich, wie er zu sein glaubt.

Statt mit negativen Gefühlen beschäftige dich mit dem besseren Teil deines Wesens. Wenn du bei Schmerzen und Leiden eine selbstbeherrschte Haltung einnimmst, beweist du damit, dass man Leiden überwinden oder zumindest aushalten kann. Das wird durch Übung zur Gewohnheit und schließlich wirst du fähig sein, bei jedem Schmerz deine Ruhe und Heiterkeit zu bewahren."

Marc Aurel bestätigt dies: „Ist ein Schmerz wirklich unerträglich, führt er aus dem Leben. Dauert er fort, lässt er sich ertragen. Durch Versenkung in sich selbst bewahrt der Geist seine Gelassenheit und Überlegenheit. Er selbst leidet weder Schmerz noch Schaden.“

RECHTE SELBSTSICHERUNG

Mancher möchte gern von sich selber frei und ein anderer sein, eine andere Umgebung, ein anderes Los haben. Da wir aber nicht aus unserer Haut heraus können und unter geänderten Verhältnissen denselben Charakter haben und deshalb das gleiche Schicksal behalten, ist es weiser, widrigen Umständen mit der selbstsicheren Haltung des ihnen Überlegenen zu begegnen. Dadurch festigt sich unser Charakter und bessert sich unser Los.

Das gilt, wie Seneca sagt, auch in Bezug auf unsere Vermögensverhältnisse: „Die meisten finden ihre Sicherheit nicht in sich selbst, sondern in ihrem Besitz, der großen Quelle menschlicher Mühsal. Den Armen wie den Reichen ist ihr Geld ans Herz gewachsen und kann nicht ohne schmerzliche Empfindungen davon losgerissen werden.

Leichter ist es, etwas nicht zu bekommen, als es zu verlieren. Daher sind meist diejenigen vergnügter, die das Glück nie berücksichtigte, als die, welche es verließ. Das erkannte auch *Diogenes*. Er sorgte dafür, dass ihm nichts mehr entrissen werden konnte. Als ihm *Manes*, sein einziger Sklave entlief, tat er nichts, ihn zurückzuholen. Er sagte: ‚Es wäre eine Schande, wenn Manes ohne Diogenes leben könnte, Diogenes aber nicht ohne Manes.‘

Wir werden immer das rechte Maß und die Sicherheit finden, wenn wir uns an Sparsamkeit und Mäßigkeit gewöhnen, allem Prunk entsagen und die Dinge nach ihrem

Nutzen statt nach ihrem Aussehen werten. Zügeln wir unsere Begierden, richten wir uns in Kleidung und Nahrung nicht nach der Mode, sondern nach den Bedürfnissen. Beherrschen wir den Gaumen und lernen wir, ungezügelte Hoffnungen und Furcht vor der Zukunft gleichermaßen in Fesseln zu halten."

Im Blick auf Verluste und Enttäuschungen ergänzt Marc Aurel diesen Rat: „Wann immer du in dir selber ruhst und keine falschen Meinungen hegst über das, was dich ängstigen und betrüben will, *hast du dich selbst in Sicherheit versetzt: in dein Selbst.* Und dann weißt du, dass Widriges dich auf dich selbst hinweisen will und der Entfaltung deiner Kräfte dient.

Kann man also das ein Unglück nennen, das dem Endzweck der Natur des Menschen dient? – Was kann dich hindern, gerecht und hochherzig zu sein, besonnen und anständig zu bleiben, vorsichtig im Urteil, truglos, bescheiden und freimütig? – All dies sind Eigenschaften, in deren Besitz das Wesen des Menschen besteht. Dann gleichst du einem Felsen, an dem sich die Wellen vergeblich brechen. Gleich ihm stehst du fest und sicher da und kannst bejahen: ‚Wie glücklich bin ich, dass ich trotz dieses Schicksals ruhig bleibe, weder von der Gegenwart noch von der Zukunft geängstigt werde und allezeit gelassen in mir selber ruhe!' – Damit werden wir unseres Gesichertseins von innen her bewusst und gewiss."

LEBENS-ZIELSETZUNG

Die meisten haben zu dem, was sie sind, und noch mehr zu dem, was sie tun, eine falsche Einstellung. Sie sehen darin eine lästige Notwendigkeit, ein leidiges Muss, statt eines

Genusses und einer Quelle des Glücks. Dabei ist schon das *Tätigsein* beglückend, wenn es die Frucht rechter Lebens-Zielsetzung ist, aus der sich die jeweiligen Jahres-, Monats- und Tages-Zielsetzungen ergeben.

Die im Blick auf die jeweils zu erklimmende nächste Stufe getaner Arbeit lässt uns Widerwärtigkeiten vergessen, Hindernisse überwinden und stets zuversichtlich dem Endsieg entgegen schreiten. Sie gibt unserem Dasein Sinn und Inhalt und lässt uns jene Lebenshaltung gewinnen, die Seneca fordert:

„Es gilt jene zielgewisse Haltung des Geistes einzunehmen, durch die das Glück angehoben wird und an allem das Gute ins Auge zu fassen, es zu ergreifen, zu fördern und zu mehren. Wenn wir so ständig über uns selbst hinauswachsen, bleiben wir der Gesetzgeber unseres Lebens. – Erbärmlich ist der Mensch, der sich nicht über das Menschliche erhebt!

Alle Sinne lassen sich von der Weichlichkeit entwöhnen. Sie sind von Natur lenkbar, wenn nicht falsches Denken sie verdirbt. Zu diesem Zweck müssen wir im Rahmen unserer Lebens-Zielsetzung allabendlich Rechenschaft von uns fordern.

Auch Zorn und Misslaune lassen nach, wenn sie wissen, dass sie jeden Tag vor ihren Richter treten. Was ist also schöner, als die Gewohnheit, nach der Rechenschaft über den vergangenen Tag, für den neuen Tag neue Ziele zu setzen? – Wie ruhig, wie tief und erquickend wird der Schlaf, wenn die Seele ihr eigener Beobachter, Richter und Neuordner ist?

Ich tue das täglich: Wenn das Licht gelöscht ist und meine Frau, die meine Gewohnheit kennt, nicht mehr redet, durchforsche ich mich selbst, den abgelaufenen Tag und wäge meine Gedanken, Worte und Taten. Ich verberge mir nichts, ich übergehe nichts! Warum soll ich Schwächen fürchten, wenn ich darauf achte und dafür sorge, dass sie schwinden?

Auf diese einfache Weise werden Fehler und Mängel ausgemerzt, wobei die Besinnung auf die Kürze des Daseins ein gutes Hilfsmittel ist. Jeder sage nach der abendlichen Selbstprüfung und im Blick auf die Zielsetzung des neuen Tages zu sich selbst wie zu den anderen: ‚Was haben wir eigentlich davon, dass wir einander die kurze Lebenszeit vergällen, uns beneiden und hassen, kränken und verfolgen, statt unsere Tage, uns und anderen, freundlich und glückreich zu machen? – Wenn wir uns in rechter Gesinnung gegenseitig helfen, ist allen geholfen. Üben wir darum Menschlichkeit und sorgen wir dafür, dass unser Denken und Tun immer auf das Wohl aller gerichtet ist.' – Ehe wir uns dessen wirklich gewahr werden, wird der Tod unsere Mühen beenden."

DIE MACHT DER GEDANKEN

So mancher klagt, er habe schon alles versucht, aber nirgends das Glück seines Lebens gefunden. Ihm antwortet Seneca, „dass die Schuld daran nicht in den Dingen und Umständen liegt, sondern *in ihm selber.* Glück ist nicht ‚Glückssache', sondern notwendiges Ergebnis rechten Denkens und Lebens. Glück entsteht da, wo einer seinen eigenen, wesensgemäßen Weg geht."

Wie kann das geschehen? – Marc Aurel gibt uns hierzu die Antwort: „Dadurch, dass man seine *Gedanken, Bestrebungen und Taten aus Grundsätzen* entspringen lässt.

„Aus was für Grundsätzen?" wirst du fragen: Aus solchen, nach denen nichts für den Menschen ein Gut ist, das ihn nicht gerecht und besonnen, mannhaft und freigesinnt, edelmütig und gütig sein lässt.

Glücklich ist, wer sich durch rechte Richtung seines Denkens ein glückliches Leben bereitet. Jedes Wesen ist zufrieden, wenn es ihm wohlergeht. Einem denkenden Wesen geht es wohl, wenn in seine Gedanken oder Vorstellungen nichts Falsches, Unwahres oder Ungewisses gerät, wenn es seine Triebe und Taten nur auf gemeinnützige Ziele richtet, seine Neigungen und Abneigungen allein dem zuwendet, was von ihm selbst ausgeht, und wenn er alles ihm Zufallende als ihm zukommend, mit Zustimmung aufnimmt und das Beste daraus macht.

Jedes Leben fließt glücklich dahin, wenn sein Träger richtig denkt und handelt; weise und gütig, gerecht und liebevoll gegenüber allem, was lebt.

Mögen andere denken, sagen und tun, was sie wollen – sie müssen es ja vor sich selbst und dem Schicksal verantworten. *Dir* obliegt es, recht zu denken und zu handeln. *Deine* Aufgabe ist es, du selbst zu sein und dem Smaragd zu gleichen, der seine Farbe behält, einerlei, wie er bewertet oder wofür er gehalten wird und was mit ihm geschieht.

Was immer du von der Zukunft erhoffst, kannst du *schon jetzt sein und haben*, wenn du dein ganzes Denken, Wünschen und Wollen darauf gerichtet hältst, und wenn du dabei nicht missgünstig gegen dich selbst bist. Es wird dir werden, sowie du alles Vergangene beiseite lässt, das Künftige der Vorsehung und dem inneren Genius anheimstellst, und wenn du in allem Geschehen der in ihm waltenden göttlichen Weisheit vertraust und dich gelassen bemühst, die Gegenwart zu meistern."

Wenn du äußere Umstände nicht unmittelbar ändern kannst, dann mittelbar durch die Macht deiner Gedanken, die dir helfen, das Unerwünschte zum Schwinden und das beharrlich Bejahte zum Vorschein zu bringen. Wohl dem, der gelernt hat, den Segen rechten Denkens in sich und seiner Umwelt in vollem Maße dienstbar zu machen! Das Kraftfeld seines Wesens ist in ständigem Wachstum begriffen und bewirkt, dass immer mehr Umstände und Dinge ihm entgegenkommen und ihm dienen.

ALLES IST INNEN

Der beste Halt ist der innere Halt, der allein die rechte Haltung verleiht und die Meisterung der Verhältnisse sichert, wie Seneca lehrt. Es gilt, mehr nach innen als nach außen zu blicken und sich mehr nach sich selbst als nach anderen zu richten. Wer das tut, gleicht der Natur, die äußerlich bewegt, innerlich aber still und stark ist.

Es gibt in der Tat keine ungestörte Zufluchtsstätte und Kraftquelle, als unser eigenes Inneres. Alles, was wir ersehnen, ist innen.

Darum ergänzt Marc Aurel Senecas Rat mit Recht dahin, dass wir „sooft als möglich Einkehr halten bei uns selbst und uns in der *Stille des Inneren* selbst erneuern. Hier gewinnen wir immer aufs Neue die Kraft, die uns befähigt, mit heiterer Gelassenheit die Außenwelt zu ertragen und zu meistern, wenn wir aus dem Schweigen der Innenwelt zu ihr zurückkehren.

Niemand ist erbärmlicher als ein Mensch, der alles in der Außenwelt ergründen will, statt zuerst sich selbst zu erkennen, mit dem Genius in ihm zu verkehren und ihm zu folgen. Diese Gefolgschaft besteht darin, sich von Eitelkeit, Leidenschaften und Unzufriedenheit mit Gott und den Menschen frei zu halten."

Dies ist die gleiche Sicherheit, Kraft und Gelassenheit von innen her, zu der die Stoiker des Ostens, die Taoisten, den Weg weisen.

„Der Mensch, der weiß, dass alles innen ist", sagen sie, „und der in sich selber ruht, bleibt gelassen, auch wenn er tätig ist. Er denkt weder an Recht noch an Unrecht, weder an Gut noch an Böse. Seine Freude ist es, wenn es allen wohl ergeht. Darum sammeln sich die von der Unrast Gejagten um ihn wie Kinder, die ihre Mutter verloren haben oder wie Pilger, die den Weg verfehlten.

Weil er alles in sich weiß, ist er Träger der Fülle des Lebens und Spender alles Guten. Er ist auf dem Wege zu der abermals höheren Stufe des vollkommenen Menschen: zum göttlichen Menschen, der ganz in das göttliche Licht der inneren Welt eingesenkt ist. Er handelt im Einklang mit seinem innersten Wesen, mit Gott und mit den Menschen. So gesinnt kann er nichts mehr verlieren. Für ihn ist alles Äußere wesenlos – außer als Diener des Inneren. Für ihn sind alle Dinge und alle Wesen in ihren Ursprung zurückgekehrt."

Auf dem Wege dorthin ist, wer sich immer wieder besinnt, dass alles, was er sucht und ersehnt, innen ist. Ihm kann nichts genommen werden, denn er weiß, dass der Quell allen Reichtums in ihm sprudelt und ihn jederzeit erquickt, sowie er sich ihm zuneigt.

DER GEIST IN DIR

„Solange wir nicht lernen, das Glück nicht in den Dingen, sondern *in uns selbst* zu finden, bleiben wir den Sorgen und Nöten ausgeliefert." Mit diesem Hinweis fordert Seneca nicht, dass wir die Dinge verachten, sondern nur, dass wir Herr unserer Wertungen seien.

In die gleiche Kerbe schlägt Marc Aurel: „Verdorbene Nahrung weisen wir zurück, aber leidbringenden Wertungen öffnen wir bedenkenlos unser Herz. Wir lassen uns den Blick trüben, bis wir das Leid nah und groß, das Glück hingegen klein und von der Ferne sehen. ... Lernen wir darum, die Dinge recht zu sehen: mit den Augen des göttlichen Geistes in uns!

Wenn du das tust, tust du nichts mit Unwillen, nichts ohne Rücksicht auf das Gemeinwohl und nichts überstürzt. Denn dann ist der Gott in dir dein Führer und der Bestimmende deines Denkens und Handelns. Du erkennst dann, dass, was immer auch dir begegnet, nichts Feindliches, sondern etwas deinem Fortschritt Dienliches ist.

Wie der Atem mit der Luft, so sei dein Denken mit dem Geist in dir in Übereinstimmung. Und wie du dem vertraust, der in dir das Edelste ist, so wende dich in Verehrung und Vertrauen auch dem Allgeist zu, der alles lenkt. Erkenne, dass der Geist in dir *jenem* verwandt ist. Er ist das in dir, das alles andere, Leib und Leben, zu seinem Gebrauch hat.

Besser als alle Gebete um Abwendung von Übeln oder um Verleihung von Segnungen ist das Verlangen nach der Gabe, nichts zu fürchten, nichts zu begehren, nicht um das Kommen und Gehen der Dinge zu trauern. Eben dies hat Gott in deine Macht gestellt. Gebrauche darum die überlegen machende Gelassenheit in Freiheit, statt dich äußeren Dingen und Empfindungen zu unterwerfen. Dann wirst du erfahren, dass Gott dir in dem, was von dir abhängt, zu Hilfe kommt. Gib deinem Gebet die rechte Richtung – und du wirst den Erfolg sehen.

Solltest du etwas finden, das deiner Überzeugung nach höher steht als Gerechtigkeit und Wahrheit, Mut und Gelassenheit, höher steht als eine Seele, die mit sich selber eins und mit ihrem Schicksal zufrieden ist, dann wende dich *dem* zu, mit aller Kraft deines Wesens. ... Wenn sich aber deinem Blick nichts Höheres und Edleres zeigt als *der*

Geist, der in dir wohnt, der Genius in dir, der seiner selbst, seiner Überlegenheit über Begierden wie Nöte und Bedrohungen bewusst und Vollzieher der göttlichen Weisheit und Führung ist, dann wende dich keinen anderen, geringen Dingen zu!

Vielmehr halte das höchste Gut fest, das du in dir gefunden hast, und vertraue darauf, dass es sich als das für dich Förderlichste erweisen wird. In dem Maße, wie du das tust, wirst du dich in jeder Lage beschützt und geborgen sehen.“

Das sind die gemeinsamen Erfahrungen aller Großen der Menschheit, aller Weisen, Erleuchteten und Vollendeten.

DIE INNERE KRAFT

Jene, die über die Schwere des Daseins und über mangelnde Kraft klagen, sehen nur die Oberfläche des Lebens, während die Weisen *aus der Tiefe leben* und *aus den Kraftquellen des Ewigen schöpfen.* Sie wissen, dass Leben und Schicksal davon abhängen, wie weit einer seines Verwurzeltseins im Göttlichen bewusst und gewiss ist. Gleich Seneca rät auch Marc Aurel zur täglichen *Besinnung auf den inneren Kraftquell:* „Die Natur hat dich nicht so gänzlich mit deinem Körper vermengt, dass du dich nicht auf dich selbst zurückziehen und mit ungehinderter Freiheit das tun könntest, was deine Pflicht erheischt. Es ist durchaus möglich, ein göttlicher Mensch zu sein und doch von niemandem als solcher erkannt zu werden. Dessen sei stets eingedenk! Dann weißt du, wie wenig zu einem glückseligen Leben erforderlich ist.

Immer wieder wende dich nach innen. Dort ist *der Quell alles Guten:* ein unversiegbarer Kraftquell, wenn du nur tief danach gräbst. Statt über Sorgen zu grübeln, gehe in die Stille und lass dir im Frieden des Inneren die Tatkraft geben, das Leben zu meistern.

Immer, wenn widrige Umstände dein Gemüt beunruhigen wollen, kehre in dich selbst zurück. Im Frieden des Inneren weilend wirst du jeder Stimmung Herr. Im Grunde will jeder Widerstand dich mahnen: ‚Komm zu dir selbst, wach auf und sei du selbst!'

Wie du morgens beim Erwachen erkennst, dass es nur Träume waren, die dich quälten, erkenne auch im wachen Zustand die Unannehmlichkeiten als Traumgespinste, die dein wahres Selbst, den Geist in dir, nicht berühren.

Vergiss nicht, dass du in dreierlei Beziehungen stehst: zur Körperhülle, die dich umkleidet, zu den Mitgeschöpfen, die dich umgeben ***und zum göttlichen Ursprung.*** Dorthin wende dich selbstbesinnend in der Stille – im Bewusstsein deiner Verwandtschaft mit allem, was lebt und deiner Einheit mit dem Göttlichen!

Bedenke stets, im Blick auf deinen Nächsten, dass wir Menschen *füreinander* da sind. Also belehre sie oder hilf ihnen, wenn das möglich ist, oder dulde sie. Wie Gott auch gegen jene, die falsch denken und handeln, immer gleich nachsichtig ist und auch ihnen Gesundheit und Reichtum verleiht, so sei du bemüht, ihm hierin zu gleichen und deine Überlegenheit durch Nachsicht und Güte zu erweisen.

Es ist ein Vorzug des Menschen, dass er auch gegen jene, die ihn kränken, gütig und liebevoll zu sein vermag, weil er seiner inneren Kraft und Überlegenheit gewiss ist und weil er bedenkt, dass alle Menschen *eines* Geschlechts und *eines* Geistes sind, und dass sie nur aus Unwissenheit fehlen. Sie verdienen Nachsicht und Mitleid, weil sie ihr eigentliches Lebensziel verfehlen und weil sie deine eigene Seele weder verletzen noch verschlechtern können. Das kannst nur du selbst – weise geworden, lässt du es.

ZURÜCKGEZOGENHEIT

„Glücklich lebt, wer verborgen lebt", sagt *Ovid* und meint damit das Glück der Zurückgezogenheit. Sich zeitweise der Welt zu entziehen und gelassen in sich selber zu ruhen, ist für die Seele so unentbehrlich wie Speise und Trank für den Körper. Seneca nennt die Zurückgezogenheit „den Schlüssel zur Weisheit wie zur Lebens- und Todesüberlegenheit." Darum kann man der Gemeinschaft und dem Staat nur dankbar sein, wenn sie es einem ermöglichen, ein Leben in friedvoller Zurückgezogenheit zu führen. Wenn auch der Segen des Friedens allen zugutekommt, so doch am meisten denen, die ihn recht zu nützen wissen.

Er führt weiter aus: „Wieviel gibt uns die Zurückgezogenheit, wenn wir sie in der Stille unseres Heims, unter den großen Geistern aller Zeiten zubringen dürfen, *die uns zu den Göttern aufsteigen lassen.*

Du fragst, wieso Menschen zu den Göttern aufsteigen können? – Gott steigt doch auch zu den Menschen herab, ja mehr: Er steigt *in sie* hinab und nimmt in ihnen Wohnung. Ohne Gott gäbe es keine edle Denkart und kein sinnerfülltes Leben. Göttliche Keime sind in jedem Menschen vorhanden, und seine Aufgabe ist es, als guter Gärtner diese Keime zu pflegen. So werden sie ihrem Ursprung ähnlich, wachsen lichtwärts zu der Höhe, von der sie herabgestiegen sind und tragen ihn mit empor.

Der Aufenthaltsort ist für solche Zurückgezogenheit gleichgültig. Abgeschiedenheit findet man, wenn man will, auch mitten im Geschäftsbetrieb und im Trubel des Alltags. Wer erst sorgsam die Gegend aussucht, in der er zurückgezogen leben möchte, wird überall etwas finden, wodurch er abgelenkt wird. Die größte Ablenkung kommt aus ihm selber, weshalb *Sokrates* einem, der sich beklagte, dass seine Reisen ihm keine Erholung brächten, erwiderte: ‚Das ist kein Wunder, denn du bist ja mit dir selbst herumgereist und befandest dich beständig in deiner eigenen Gesellschaft. Deine Charakterfehler begleiten dich ebenso, wie die Übel, denen du fliehen wolltest.'

Es kommt also darauf an, dass man sich nicht nur aus der Umwelt, sondern auch von seinem eigenen Ich zurückzieht und von ihm frei wird. Denn sonst bleibt einer *sich selbst nur Last* und hält sich selber in Unruhe.

Um dem zu entgehen, braucht es keinen Orts-, sondern einen Wesenswechsel. Es gilt ein anderer Mensch zu werden, der Zurückgezogenheit und Ruhe, Gelassenheit, Frieden und Geborgenheit in sich selber findet. Er allein ist allem Widrigen enthoben und bleibt von äußeren Störungen und Ablenkungen unberührt."

Wer gelernt hat, *allein* und *mit sich selber eins zu sein,* der gelangt von selbst auch zu der höheren Stufe des *„All-Eins-Seins"*. Darum ist *Selbst-Einkehr* so wichtig und unentbehrlich für jeden, der in Frieden leben will.

SELBST-EINKEHR

Wir schwimmen alle kämpfend und leidend im Strome der Zeit und wirken, durch unser Denken, Tun und Lassen, mit am Lauf des Stroms. Wir können aber nur dann zum Segen für alle wirken und unseren Weg bestimmen, wenn wir von Zeit zu Zeit mitten im Strom innehalten, stillstehen, in uns selbst einkehren und von der Warte des Ewigen in uns Umschau halten, um unserer selbst, unseres Weges und unseres Zieles bewusst zu bleiben. Darum fordert Seneca uns immer wieder auf:

„Ziehe dich so viel wie möglich in dich selbst zurück! Man muss für sich selbst und zur Betrachtung seiner selbst

Zeit haben und zur Selbstbesinnung kommen, wenn man sein Leben meistern will. Wer so handelt, steht auch in der Zurückgezogenheit und Selbst-Einkehr keinen Augenblick außerhalb der Gemeinschaft, der er angehört. Er hat nur seinen engen Winkel verlassen und lebt in größeren Verhältnissen und Zusammenhängen. Er ist gerade dann am tätigsten und wirksamsten, wenn er in der Stille, mit weitschauendem Blick, Irdisches und Himmlisches zugleich erfasst."

Unser Leben ist nur darum arm an wirklichem Reichtum, weil wir zu sehr nach außen leben. Wir gehen mit geschlossenen Augen an den ungehobenen Schätzen unserer Seele vorbei. Bitter notwendig ist darum für die meisten die Mahnung Senecas und die gleichsinnige *Friedrich Schleiermachers:* „Sorge dich nicht um das, was kommen mag und weine nicht um das, was vergeht! Sorge dafür, dich nicht selbst zu verlieren und weine, wenn du dahintreibst im Strome der Zeit, ohne den Himmel in dir zu tragen!"

Solange wir Vergänglichem nachjagen, bleiben wir dem Gesetz des Vergehens unterworfen. Wenden wir unseren Blick jedoch dem Ewigen in und über uns zu, wachsen wir über alle Beschränkungen hinaus.

Ein Ruf zur Freiheit und zum Glücklichsein ist darum die Mahnung des Philosophen: „Metanoeite! – Wendet euch um!" – Schaut, statt immer nur nach außen, mehr nach innen. Denn je mehr ihr in Stille und Meditation euch dem inneren Leben eint und die Kraftströme und -quellen des Ewigen berührt, desto größer wird die Mannigfaltigkeit des Glücks, die euch aus den Niederungen des Daseins emporträgt – zu den Höhen der Freiheit.

Je mehr ihr in innerer Abgeschiedenheit und Selbst-Einkehr euch dem Göttlichen weiht, bis ihr Wort in euch laut wird, desto mächtiger wird der Strom der Glückseligkeit, der eures Lebens Schiff sicher durch alle Fährnisse des Daseins lenkt. Dann werdet ihr erkennen: *Es wohnt ein Gott in uns!* – Er wartet darauf, uns glücklicher zu machen. Doch er hilft uns immer nur so weit, als wir ihm und uns selbst vertrauen und seiner weisen Führung folgen. Tun wir das, werden wir unmerklich Meister unserer selbst und unseres Schicksals.

SEELENRUHE UND -STILLE

„Mögen draußen Lärm und Unruhe herrschen", sagt Seneca, „sie berühren uns nicht, wenn kein Gedankenlärm die Seelenruhe stört. Nur die Ruhe ist wirklich, von Dauer und beglückend, die im Innern ihren Sitz hat.

Bei so vielen aber ist selbst das Nichtstun, die Freizeit und das Ausruhen, von Geschäftigkeit und Betriebsamkeit erfüllt. Im Bett, in der Einsamkeit, in den Ferien, von allem abgesondert, sind sie sich selbst nur Last. Auch jene, die ihren Körper in der Sonne rösten lassen oder ihre Zeit mit Spielen verbringen, haben keine eigentliche Muße. Ihre Vergnügungen machen wirkliche Seelen-Ruhe und -Stille schwer oder unmöglich.

Ebenso haben jene, die ihre Zeit mit Unterhaltungsschrifttum oder unnützen literarischen Studien verbringen, weder wahre Seelenruhe, noch bringen sie etwas Vernünftiges zustande. Sie werden dadurch weder weiser noch tapferer, weder gerechter noch gütiger.

Frei von Unruhe und seelisch gestillt sind allein jene, die sich gelassenen Geistes dem Studium der Weisheit widmen. Sie alleine leben. Sie machen sich die Erkenntnisse und Errungenschaften aller Zeiten dienstbar. Sie haben erkannt, dass die großen Geister der Menschheit für sie geboren sind und ihre Lebensregeln für sie aufgestellt haben. Sie lernen die Zeit des Schaffens und der Befriedigung der Körperbedürfnisse ebenso zu nützen wie die Zeit der Ruhe. Sie überwinden die Rastlosigkeit ihrer Natur durch Gelassenheit. Sie sind bei sich selbst und leben inmitten des Lärms der Zeit – in der Stille der Ewigkeit. Sie zeigen, dass der Weise sich selber genug ist, um glücklich zu leben.

Die Unterscheidung des *Chrysippus* besteht zu Recht: ‚Dem Weisen mangelt nicht, wenn er auch mancher Dinge bedarf. Der Tor hingegen bedarf nichts, denn er weiß es nicht zu gebrauchen, aber es mangelt ihm alles.'

Ein Weiser bedarf der Augen, Hände und anderer Dinge, aber es mangelt ihm an nichts. Denn Mangel beruht auf ‚Notwendigkeit'; für den Weisen ist aber nichts notwendig. Mag er sich aber auch selbst genug sein, so bedarf er doch der Freunde und wünscht sich, deren möglichst viele zu haben – nicht um glücklich zu leben, denn er lebt auch ohne Freunde glücklich, sondern um glücklich zu machen."

Marc Aurel ergänzt Senecas Worte durch die Feststellung: „... dass die Seele, die in sich gesammelt und mit sich eins ist, sich selbst genügt. Sie gleicht einer Festung, zu der die Außendinge keinen Zugang haben. Wer diese starke Schutzwehr der in sich gesammelten und gestillten Seele nicht erkennt, ist unwissend. Wer sie kennt, ohne seine Zuflucht zu ihr zu nehmen, ist unglücklich und unvermögend, seine Gestimmtheit selbst zu bestimmen. Wer sie kennt und weise nützt, der ist allem entzogen und überlegen, was seinem Wesen ungemäß ist.

VERWESENTLICHUNG DES LEBENS

„Die Welt liegt im Argen", klagen die einen. „Alles ist gut, weil von Gott gewollt", sagen die anderen. Erstere empfinden die Welt als Gefängnis, die anderen werten sie als Lebensschule. Und deren Rat ist: „Wenn Gott sich von der Welt zurückzuziehen scheint, zieht der Weise sich in Gott zurück – und sieht alsdann mit seinen Augen die Welt durchlichtet und alles Geschehen gerechtfertigt."

Seneca nennt zwei Formen der Gemeinschaft: „Die eine ist groß und wahrhaft allumfassend; sie eint Gott und den Menschen. Die andere ist die, an die wir durch unsere Geburt gebunden sind; die Familie, die Gemeinde, das Volk, der Staat.

Einige sind für beide Gemeinschaften zugleich tätig, andere nur für die äußere, manche nur für die innere. Der größeren Gemeinschaft des Menschen – mit Gott – dienen wir am besten durch Zurückgezogenheit.

Die Natur hat uns zu beidem bestimmt: zur Betrachtung des Lebens in der Stille *und* zum tätigen Zupacken im Alltäglichen. Die Natur gab dem Menschen nicht nur die aufrechte Haltung, sondern auch die Fähigkeit der besinnlichen Meditation. Also lebe ich der Natur entsprechend, wenn ich *beides* im richtigen Sinne betreibe: Handeln und Meditation, zumal die besinnliche Betrachtung kein Nichtstun ist.

„In welcher inneren Haltung zieht sich der Weise aus dem öffentlichen Leben zurück?" mag man nun fragen. – In der Überzeugung, dass er auch in der Zurückgezogenheit etwas schafft, womit er der Nachwelt nützt. Viele der Weisen haben in der Stille und Abgeschiedenheit größere Dinge vollbracht, als wenn sie Ehrenämter bekleidet oder ihrer früheren Berufstätigkeit nachgegangen wären. Sie blicken auf künftige Jahrhunderte und wirken für sie. Ihre

Stimme ertönt nicht nur einigen wenigen, sondern allen Menschen, zu allen Zeiten, die dafür aufgeschlossen sind. Ihre Zurückgezogenheit hat der Menschheit insgesamt weit mehr Segen gebracht, als die geschäftige Betriebsamkeit der Masse."

Wenn manche meinen, das Leben sei es nicht wert, gelebt zu werden, so antwortet der Weise, dass das eher auf ihre falsche Lebensweise zutreffe, dass aber das Leben, wie es *wirklich* sein soll – und sein kann – wert ist, tausendmal gelebt zu werden, zumal es nicht nur sich selber, sondern der Umwelt Segen bringt.

„Letztlich geben wir", wie Marc Aurel hinzufügt, „dem Leben stets die Färbung und Gestalt, die wir ihm zudenken, weshalb wir gut tun, dem Rat zu folgen: *Wo man leben muss, da kann man auch glücklich leben!*"

Wer das anhand der Lehren der Stoiker versucht und dabei bleibt, erfährt beglückt den wachsenden Segen rechten Denkens und Lebens.

DIE KÜRZE DES DASEINS

„Die Verwesentlichung des Lebens ist mehr als die Lebensverlängerung. Trotzdem beklagen", wie Seneca feststellt, „die meisten Sterblichen die Ungunst der Natur, weil sie für eine zu kurze Lebensdauer geboren wurden; weil die Frist der ihnen verliehenen Zeit so reißend schnell abläuft, dass die meisten, mitten unter den Vorbereitungen für das Leben, aus dem Dasein scheiden. ...

In Wirklichkeit aber haben sie nicht ‚zu wenig Zeit' – sie vergeuden nur zu viel davon. Auch zur Vollbringung der größten Dinge ist das Leben lang genug, wenn es richtig angewandt wird. Wenn es aber unweise vertan und für keine wertvolle Aufgabe eingesetzt wird, merken wir erst, wenn die letzte Not drängt, dass es vorüber ist.

Es ist so: *Wir haben das Leben nicht kurz empfangen, sondern es kurz gemacht!* Für den, der haushalterisch mit dem Leben umgeht, hat es einen sehr weiten Spielraum.

Was klagen wir über die Natur? – Sie hat sich äußerst freigiebig gezeigt; wir müssen ihr Geschenk nur richtig nutzen.

Doch gerade das tun wir nicht: Den einen hält unersättliche Habgier gefangen, den anderen geschäftige Emsigkeit in überflüssigen Arbeiten; dieser ergibt sich dem Trunk, jener dem Nichtstun; die einen hält das Jagen nach dem Glück anderer gefangen, andere der Unmut über das eigene Los, obwohl sie dessen Verursacher sind. ...

So hat *Menander,* der griechische Dichter und Philosoph, Recht, wenn er sagt: ‚Wir leben nur des Lebens kleinsten Teil, denn der größere Teil ist *nicht Leben,* sondern *bloßes Da-Sein.*'

Auf allen Seiten locken uns zeitvertreibende Ab- und Unterhaltungen, die uns hindern, uns aufzuraffen und zu uns selbst zu kommen. Keiner gehört wirklich sich selbst; der eine lebt diesem, der andere jenem. Ihr Eigentum lassen sie sich von niemandem nehmen, aber in ihr Leben lassen sie andere eingreifen. Keiner würde sein Geld verteilen, aber sein Leben. An wie viele andere verteilt ein jeder seine Zeit – man vergeudet sie, als lebe man ewig.

Selten kommt euch in den Sinn, wie kurz bemessen eure Zeit ist. Ihr verschwendet sie gedankenlos, obwohl vielleicht der heutige Tag euer letzter ist: *Ihr fürchtet alles, wie Sterbliche; ihr begehrt alles, wie Unsterbliche.*

Da redet einer: ‚Mit 50 werde ich mich von den Geschäften zurückziehen', und ein anderer: ‚Mit dem sechzigsten Jahr soll mein Ruhestand beginnen'. – Wer aber garantiert, dass es gerade so geht, wie sie es sich vorstellen? – Schämen sie sich nicht, bloß *den Rest ihres Lebens* für sich aufzusparen? – Wie töricht ist es denn, dann leben zu wollen, wenn man aufhören muss?

Unweise handelt, wer aufschiebt, was er jetzt tun sollte, weise hingegen, wer täglich mit dem Leben abrechnet. Wer täglich die letzte ordnende Hand an sein Leben legt, ist Herr der Zeit und des Daseins, da seines Lebens Schwerpunkt im Innern liegt. Von dorther beobachtet er lächelnd den Lauf der Zeit, dem er sich überlegen weiß."

DIE ZEIT ALS LEBENSHELFER

Der Weise bedenkt bei allem, was er vorhat und tut, die Kürze seines Daseins. Er weiß, dass der Tod immer um ihn ist, und dass einzig der gegenwärtige Augenblick ihm gehört. Darum hält er den heutigen Tag, als wäre es sein letzter: frei von Unrast, Eigensucht und Leidenschaft. Er achtet auf Harmonie mit sich selbst und mit dem Ewigen, wobei er Senecas Rat folgt:

„*Nütze die Zeit,* die dir gar zu leicht entschlüpft, von anderen geraubt oder durch Lässigkeit vertan wird! Der größte Teil der Zeit verfließt den Menschen, indem sie Unrecht tun; ein fast ebenso großer, indem sie nichts tun; ihr ganzes Dasein aber, indem sie immer etwas anderes tun, als sie tun sollten.

Wen kannst du mir nennen, der den Wert der Zeit als Lebenshelfer erkennt und ausschöpft – im Bewusstsein, dass er täglich sterben kann? – Wir irren, wenn wir den Tod als etwas Zukünftiges erwarten. Er ist zum großen Teil schon vorüber; alles, was von unserem Lebensalter hinter uns liegt, das hält er schon in seinen Händen.

Halte darum deine Stunden zusammen. Du wirst weniger vom Morgen abhängen, wenn du das Heute erfasst und richtig wertest. Aller Besitz ist nur Lehen, *allein die Zeit ist unser.* – Nur diese flüchtige Sache hat uns die Natur zu eigen gegeben, doch lassen wir sie uns von jedem nehmen, obwohl nicht einmal der Dankbare sie uns zurückerstatten kann.

Wahre Weisheit verrät sich durch rechten Gebrauch der Zeit. Ein Tag ist ein Abschnitt des Lebens; das Ganze besteht aus Teilen, von denen die größeren die kleineren umschließen. Den engsten Umkreis hat der Tag, obwohl auch er nur vom Aufgang der Sonne bis zu deren Untergang reicht. Richte ihn daher so ein, als ob er die Reihe schlösse und die Summe aller Lebenstage voll mache!

Der Weise hat, weil er jederzeit und überall sich selbst gehört, immer Zeit. Er liefert sich äußeren Geschäften immer nur auf begrenzte Zeit aus. Und auch, wenn er sich seinen Freunden widmet, entzieht er doch nicht sich selbst. Mit den Großen der Menschheit pflegt er Gemeinschaft; mit ihnen, in welchen Jahrhunderten sie auch gelebt haben, ist er geistig verbunden, denn sie machen jede Stunde seines Daseins fruchtbar und reich."

Marc Aurel fügt hinzu: „Wie du am Ende deines Lebens gelebt zu haben wünschest, so lebe schon *jetzt!* Du kannst es. In jedem Augenblick kannst du ein neues Leben beginnen, wenn du dich an neues Denken gewöhnst. Geschieht das, weitet sich dein Sehkreis und dann wird die Zeit dein bester Lebenshelfer, indem sie, was du auch planst, bejahst und tust, zur Reife bringt. Du lebst dann inmitten der Zeit in der Ewigkeit."

MEHR EWIGKEITS-BEWUSSTSEIN

Ein Spötter äußerte einmal seine Verwunderung darüber, dass so viele Menschen sich erst entschlössen, wirklich zu leben, wenn sie bereits halb tot sind. ... – In der Tat kommen viele erst zur Besinnung, nachdem die besinnungslose Jagd nach Glück und Erfolg ihren Körper zerrüttet und ihre Seele versteinert hat. Jetzt erst geht ihnen auf, was sie vorher nicht wahrhaben wollten: dass jener weiser lebt, der sich weniger auf die Zeit und mehr auf die Ewigkeit einstellt, der weniger ausgeht und mehr bei sich selbst ist, der weniger hastet und mehr rastet, statt der Zukunft der Gegenwart lebt und jeden Augenblick als Berührungspunkt mit der Ewigkeit wertet und ausschöpft.

Wenn sogar das langsamste Tier, eine Schnecke, ihres Daseins Ziel erreicht, dann auch der Mensch, wenn er gelassen geht und das Wort ‚ich habe keine Zeit', durch die Bejahung ersetzt: ‚Die ganze Ewigkeit ist mein!' – Wer so lebt, lebt seinem Wesen gemäß, lebt im göttlichen Plan.

Im göttlichen Plan leben bedeutet nach Seneca und Marc Aurel, gelassen zu leben, im Vertrauen darauf, dass alles gut ist oder zu etwas Gutem hinführt: „Wer das tut, unterlässt, was seinem innersten Wesen, dem Genius in ihm, ungemäß ist. Hat er sich gewöhnt, sich von innen her leiten zu lassen, kann er Hilfe von außen entbehren. Denn dadurch lebt er nicht mehr in und mit der eilenden Zeit, sondern aus der Ewigkeit."

Beide stimmen dem zu, was später auch *Plotin* über die drei Menschengruppen schrieb: „Die *eine* Gruppe ist ganz an die vergängliche Außenwelt hingegeben und verbringt die Lebensspanne, ohne innerlich fortzuschreiten. Sie gleicht Vögeln, die durch zu viel Nahrung so schwer werden, dass ihr Gewicht sie an die Erde bindet und ihnen den Flug in die Höhen unmöglich macht.

Andere erheben sich ein wenig über die Erde und ziehen ihre Seele wenigstens zeitweise von den Freuden zurück, im Verlangen nach Höherem, nach unvergänglichen Werten; es fehlt ihnen aber die Kraft, das Höchste wahrzunehmen.

Doch es gibt eine dritte Gruppe; jene gottähnlichen Menschen, die mit durchdringender Schau begabt sind, die lichtere Herrlichkeiten einer höheren Welt erkennen, sich zu ihr aufschwingen und aus dem Ewigen leben. Sie weilen im Ewigen und wissen sich in ihm geborgen wie einer, der nach langer Irrfahrt endlich heimgekehrt ist."

Dieser dritten Gruppe kann jeder angehören, wenn er dahin wirkt, dass sein Alltagswirken mit mehr Ewigkeits-Bewusstheit erfüllt und sein Denken auf das gerichtet ist, was der Genius in ihm als das allein Wesentliche und Lebenswichtige anrät und zu tun gebietet.

Nur wer so lebt, lebt wirklich. Alle anderen sind nur ‚da'.

VON TOD UND VERLUST

Wenn Seneca uns wiederholt ermahnt, an den Tod zu denken, so nicht, um die Sorge wegen der Kürze des Daseins und die Angst vor dem Vergehen zu schüren, sondern vielmehr, um uns zur Zeit- und Tod-Überlegenheit zu verhelfen. Er meint hierzu:

„Über ein Kleines kommt der Tod, der uns alle gleich macht. Darum bereite dich auf ihn vor, was heißt: ‚Bereite dich auf die Freiheit vor.' Denn wer recht zu sterben weiß, hört auf Knecht zu sein. Der Jüngling sollte den Tod genau so vor Augen haben wie der Greis, werden wir doch nicht nach Alter oder Jahresklassen abberufen. Man richte darum jeden Tag so ein, als setze er dem Leben ein Ziel und Ende.

Das gilt auch im Blick auf den *Verlust unserer Lieben,* der jederzeit eintreten kann. Das gilt im Besonderen für den Schmerz der Mutter, die ihr Liebstes verlor. Wenn das Geschick nicht durch Tränen besiegt wird, wenn der Heimgegangene nicht durch Trauer und Wehklagen zurückgerufen wird, sollte sie an die Stelle des Schmerzes die Gewissheit setzen, dass alle Trennung nur auf Zeit erfolgt, und dass es gilt, tapfer das fernzuhalten, was die Einbildung dem Schmerz unnötig hinzufügt.

Wenn den Trauernden die Entbehrung dessen bekümmert, den er geliebt hat, sollte er bedenken, dass es das *falsche Denken* ist, das ihn quält. Um Abwesende weinen wir nicht, wenn sie nur leben. Er denke darum, der Heimgegangene sei ‚nur' abwesend, er hätte ihn weggeschickt. Er bedenke, dass der Abgeschiedene von keinem Übel mehr berührt wird.

Der Tod ist die Befreiung von allen Übeln; über ihn gehen unsere Leiden nicht hinaus. Der Tod ist weder gut noch übel. Wer ihn erleidet, der wird von Furcht, vor Armut, von Sorge um Reichtum nicht mehr angefochten. ...

Wie unbekannt sind jene in ihrem Elend, die den Tod nicht als beste Erfindung der Natur erkennen. Er gleicht alles aus; er handelt frei von fremder Willkür; er ist's, bei dem niemand seine Niedrigkeit fühle; er bewirkt, dass man seinen Geist unverletzt und seiner selbst mächtig erhalten kann. Der Weise liebt das Leben um des Todes willen. Er bedenkt, wie viel Gutes der Tod zu gelegener Zeit hat und wie vielen es geschadet hat, dass sie zu lange lebten.

Woher weißt du nun, ob es dem Heimgegangenen länger gefrommt hätte oder ob der Tod nicht sein Glück war? – Wessen Verhältnisse sind heute so gesichert, dass er von der Zukunft nichts zu befürchten hätte? – Alles Menschliche fließt dahin, und kein Teil unseres Daseins ist so verwundbar wie der, welcher uns der liebste ist. Nichts ist gewiss, als was vorüber ist."

Im Grunde rührt die Furcht vor dem Tode vor allem daher, dass man nur eine begrenzte Spanne des Lebens anschaut, nie *das ganze, wirkliche Leben*. Wer dessen gewiss ist, der weiß sich im Tode überlegen.

TOD-ÜBERLEGENHEIT

Beim Verlust eines unserer Lieben sollten wir uns, wenn wir Senecas Mahnung befolgen, prüfen, ob unser Schmerz vor allem das eigene Ungemach berücksichtigt oder das des Heimgegangenen.

„Regt sich, Mutter, dein Schmerz darum, weil du einen größeren Genuss von deinem Kinde hättest haben können, wenn es länger gelebt hätte? – Dann darfst du nicht über das klagen, was dir entzogen wurde, sondern musst für das danken, was du geerntet hast.

Schon, dass du es hattest, dass du es liebtest, war ein Gewinn. Dein Los war besser, als wenn es dir gar nicht zuteilgeworden wäre. Möchtest du wohl lieber ein ungeratenes Kind gehabt haben, als eines von solchem Charakter, wie der seine war? –

Fast keinem werden große und zugleich lang dauernde Güter zuteil; nur ein allmähliches Glück hat Dauer und bleibt bis ans Ende. Weil dir die Götter dein Kind nicht auf lange Zeit geben wollten, gaben sie ihn dir gleich so, wie man nur in langer Zeit werden kann."

Und, so weiter weiter zu fragen: Bleibt dir nicht das Bewusstsein deines inneren Verbundenseins mit dem, was ihm, dem Vergehen, nicht unterworfen ist? – Wende dich seiner Seele mit all deiner Liebe zu und dir wird bewusst werden, dass sie dir unverändert nahe ist.

Marc Aurel verdeutlicht dies noch weiter: „Wie jede Tätigkeit, die zur bestimmten Zeit beendet ist, durch das Aufhören keinen Schaden erleidet, und wie der, der hierbei tätig war, durch die Beendigung keinen Nachteil erfährt, so erleiten wir auch keine Beeinträchtigung durch das Aufhören jener Tätigkeit, die wir Leben nennen. Vielmehr wird das Wesen des Menschen durch die Umwandlung verjüngt und in erneute Blüte versetzt.

Viele fürchten sich vor der Verwandlung, der Veränderung. Aber was kann denn ohne Verwandlung vollkommener werden? – Könntest du Nahrung genießen, ohne dass sich die Speise verändert? – –

Sieh also ein, dass es mit deiner Verwandlung und der deiner Lieben die gleiche Bewandtnis hat, und dass sie für dich und für sie, wie für das Ganze gleich notwendig ist.

Wer den Tod fürchtet, der fürchtet sich entweder vor dem Aufhören jeder Empfindung oder vor dessen Wechsel. Wenn man aber beim Übergang nichts fühlt, fühlt man auch keine Übel mehr. Und wenn man eine andere Art des Fühlens erhält, so wird man zu einem anderen Wesen und hört mithin nicht auf zu sein. Darum verhält sich der Weise dem Tod gegenüber weder ablehnend noch übermütig. Er wertet ihn als Teil des Lebensvorgangs und bedenkt: ‚Wie ich als Kind aus dem Mutterschoße hervorging, so scheide ich aus der Körperhülle. Diese Versetzung kann ich gelassen hinnehmen, wenn ich meines Verbundenseins mit dem Göttlichen, durch den Genius in mir, bewusst bleibe, der ja auch dann unverändert bestehen bleibt, wenn das Körperkleid zerstäubt'."

UNVERGÄNGLICHKEIT

Wir leben und wirken alle auf *ein Ziel* hin – auf ein ewiges Ziel, das über dieses Dasein hinausweist, wie die Stoiker lehren:

„Die einen tun es mit Einsicht und bewusst, andere unbewusst. Sieh du zu, welches *deine Aufgabe* ist und erkenne, dass auch das Sterben eine Aufgabe des Lebens ist. Wohl dir, wenn du auch diese Aufgabe glücklich lösen wirst, indem du dich, solange du lebst, der *Weisheit* widmest!

Nur jene, die ihr Denken und Leben der Weisheit widmen, leben wirklich. Denn nicht nur ihre eigene Lebenszeit hüten sie gut, sondern sie fügen auch jedes Zeitalter dem ihrigen bei. Alle Jahrhunderte, die vor ihnen durchlebt wurden, gewinnen sie für sich. Alle großen Geister der Menschheit sind ihre Ahnen. Die großen Religionsstifter sind für sie geboren, sie bahnten ihnen den Weg ins Licht. Kein Jahrhundert ist ihnen verschlossen, zu allen haben sie Zutritt. Keiner der Vollendeten weist ihnen die Tür und keiner der Großen, denen sie sich zuwenden, wird sie nicht glücklicher und vollkommener entlassen.

Keiner von ihnen bringt dich um deine Jahre, er gibt dir vielmehr die seinigen noch dazu. Du wirst von ihnen erhalten, was du nur willst und es wird nicht an ihnen liegen, wenn du nicht so viel davonträgst, als du nur fassen kannst.

Wir pflegen gerne zu sagen, die Wahl unserer Eltern habe nicht in unserer Macht gestanden; aber *nach unserer Wahl heranwachsen* können wir alle. Es gibt Familien der edelsten Geister; wähle du, in welche du aufgenommen sein willst! Es liegt bei dir, welche du beerben willst. Sie können dir den Weg zum Einklang mit dem Ewigen zeigen und dir deine eigene Unvergänglichkeit bewusst machen.

Das Leben des Weisen hat eine weite Ausdehnung. Ihn schließen nicht die gleichen Grenzen ein wie die anderen. Er ist von den Gesetzen, die die Masse beherrschen, entbunden. Alle Jahrhunderte dienen ihm wie einer Gottheit. Das Zusammenfassen aller Zeiten in eine macht ihm das Leben lang. Im Bewusstsein seiner Zeitüberlegenheit und Unvergänglichkeit bejaht er sein Schicksal. Und eben durch sein *Ja* gelangt er zur Schicksalsüberlegenheit. Er weiß eines: Ob ich von der Natur spreche oder vom Schicksal – es sind nur andere Namen für das Göttliche, das in mein Wesen gründet."

„Welche Macht", fügt Marc Aurel hinzu, *„welche Macht hat doch der Mensch!* Er hat es in seiner Gewalt, nichts zu tun als das, was dem Willen der Gottheit entspricht und alles willig anzunehmen, was sie ihm zuweist. Dieser Macht dient er, wenn ihm untrüglich klar wird, dass alles, was ihn im Leben wie an unsichtbaren Fäden hin und her zieht, seine Wurzeln, seine Beweggründe in seinem eigenen Innern hat. Dort ist der Wirker des Schicksals – der Genius in ihm – der seiner Unterstörbarkeit bewusst ist."

AUF DEM WEGE ZUR VOLLENDUNG

Philosoph sein bedeutet, nach Seneca, seines steten Fortschritts auf dem Wege zum Himmel, zur Vollendung bewusst zu sein. Weise handelt, wer im Blick auf seine Stellung in der Schule des Lebens nach Reife und Selbstverwirklichung strebt:

„Der Weg zum Himmel wird denen leichter, die beizeiten vom Verkehr mit den Menschen frei werden. Sie haben weniger Erdschlacken in sich aufgenommen und lösen sich leichter aus den Bindungen und Beengungen des Daseins.

Und wohl ihnen, wenn ihnen kein all zu langer Aufenthalt im Körper beschieden ist, wenn sie, wie ein Feuer, das um so schneller erlischt, je heller seine Flamme brennt, um so kürzer auf Erden weilen, je strahlender ihr Geist leuchtet!

Aber wenn ich auch nicht meine, man solle ein hohes Alter ersehnen, soll man es doch nicht zurückweisen. Es ist eine angenehme Aufgabe, lange Zeit mit sich zusammen zu sein, wenn man sich *solche inneren Werte* geschaffen hat, dass man an sich selber Freude findet, und wenn man bis ins höchste Alter weiter lernt, wächst und reift, Fehler ausmerzt und neue Tugenden gewinnt.

Es ist etwas Schönes, sein Leben schon vor dem Tode zur Vollendung zu führen. Dann kann man die restlichen Tage eines wahrhaft glücklichen Lebens in Ruhe verbringen, da die Zeit keine Macht mehr über einen hat. ...

Wenn ich auch alt geworden bin – meine geistige Kraft ist ungebrochen. Und ich freue mich, nicht mehr viel mit dem Körper zu schaffen zu haben. Mein geistiges Wesen hat einen großen Teil seiner Last abgelegt. Es ist froh und des Wertes des Alters wie der Blütezeit des Geistes bewusst.

Furchtlos bereite ich mich auf den Tag vor, an dem ich, ohne viel Worte, ungeschminkt über mich urteilen kann, ob ich nur tapfere Worte machte oder wirklich so empfand und so bin. Was man zuwege gebracht hat, wird offenbar, wenn es ans Sterben geht.

Ich nehme diese Bedingungen an und fürchte den Urteilsspruch nicht. Wer vor dem Sterben zu sterben gelernt hat, wer sich mit dem Tode angefreundet hat, hört auf, Knecht zu sein. Er ist aller fremden Macht und Gewalt überlegen.

Wer lebt, nachdem er sein Dasein zu höchstmöglicher Vollendung geführt hat, ist erhaben über die Wandlungen des Schicksals. Er ist frei."

Dieser hat erkannt, mit einem Wort Marc Aurels, „dass, was die Gottheit ihm während seines Erdendaseins auftrug und zutrug und was zu ertragen er sich als fähig erwies, ihn zuträglich und zugleich im höchsten Maße ertragreich war."

DAS LEBEN IST EWIG

„Wie eine Flamme sich stets in die Höhe erhebt und himmelwärts lodert, so", sagt Seneca, „ist auch unser Geist in steter Bewegung höhenwärts und bis zum letzten Tage seiner Erdenverkörperung um so feuriger und kraftvoller, je tätiger er ist. Glücklich nun, wer diesen Drang auf das Edle, Gute und Göttliche richtet: Er entzieht sich im gleichen Maße der Gewalt des Schicksals.

Einem solchen Geist kommt es zu, allen Schein zu verachten und das Mäßige dem Unmäßigen vorzuziehen. Allzu üppiges Wachstum drückt die Saat zu Boden. Gleichermaßen ergeht es den Gemütern, die ein übermäßiges Glück aus den Fugen treibt, indem sie davon nicht nur zu anderer, sondern auch zu ihrem eigenen Schaden Gebrauch machen.

Du tust das Beste und Heilsamste, wenn du beharrlich nach einer edlen Gesinnung strebst. Du brauchst sie nicht herbeizuwünschen, sondern sie nur in dir aus dem Schlummer zu wecken. Denn du kannst sie nur von dir selbst verlangen. Nicht zum Himmel brauchst du die Hände zu erheben – die Gottheit ist dir nahe, sie ist bei dir, sie ist *in dir.*

Ich folge dem Gott in mir nicht, weil ich muss, sondern aus eigenem Antrieb. Darum kann mir nichts zustoßen, das ich traurig, missmutig oder widerstrebend hinnehmen würde – den Tod eingeschlossen.

Der Weise sieht im Schlaf den Bruder des Todes. Beide ändern das Bewusstsein, aber nicht das Wesen, das auch nach dem Todesschlaf einem neuen Tage entgegen schreitet. Wie man sich beim Schlafengehen sagen sollte: ‚Ich habe heute gelebt und den mir vom Schicksal bestimmten Weg zurückgelegt. Wenn es mir einen neuen Morgen schenkt, werde ich ihn freudig entgegen nehmen' – so gilt es der Todesstunde entgegenzusehen im Blick auf einen neuen Lebenstag mit neuen Fortschritten."

Seneca ist von der gleichen Bestimmtheit und Gewissheit beseelt, wie *Ovid:* „Nicht ist sterblich der Geist! Von seiner früheren Wohnung geschieden, lebt er fort und bezieht die neue ihm verliehene Wohnstatt."

Für beide ist der Tod kein Ende sondern ein Übergang zu neuer Form des Lebens, das selbst ewig ist, wie jede Kraft unzerstörbar fort und fort wirkt.

Auch Mark Aurel sah es so: „Stelle dir das Universum als ein Wesen vor, das aus Materie und Geist besteht. Erkenne, wie sich alles zusammenfügt und zusammenwirkt, alles mit allem Werdenden und Seienden in begründetem Zusammenhang lebt. ... –

Gewöhne dich an den Gedanken, dass der Allgeist alle Verkörperungen seiner selbst ständig umwandelt, um sie neu zu schaffen und, *dass alles, was ist, ewig ist.*"

ALLES IST EINS

„Philosoph sein heißt letztlich auch, sich allem Leben und Sein innerlich verbunden fühlen", verlautbart Seneca: „Überall reicht die Natur uns mütterlich die Hände entgegen; aber wir müssen den schlummernden Natursinn in uns erwecken: jenes beseligende Bewusstsein, mit Baum und Berg, Mensch, Tier und Pflanze eins zu sein. Dann kündet uns die Gottheit aus jedem Ding und jedem Wesen: *Das bist du selbst!*"

Marc Aurel fügt hinzu: „Es gibt nur *ein* Sonnenlicht, auch wenn es durch die Dinge tausendfach zerstreut wird. Ebenso gibt es nur *eine* Gottheit, wenn sie sich auch in Myriaden von Formen offenbart und nur eine Seele, wenn sie auch in unzähligen Geschöpfen in Erscheinung tritt und wirksam wird. Wer das jetzt Seiende erkennt, der umfasst und überschaut alles, was von jeher war und was in alle Ewigkeit sein wird, denn: ‚*Alles ist eins!*'

Alles ist wie durch ein heiliges Band miteinander verflochten. Darum ist uns nichts fremd. Alles Geschaffene und Geschöpfliche ist einander zu und beigeordnet und zielt auf die *Harmonie des Ganzen.* Aus dem unendlichen Einzelnen zusammengefügt ist eine Welt vorhanden. *Ein Gott* durchdringt alles, *ein Geist* ist allen gemeinsam und *eine Vollkommenheit* ist alles Gewordenen Ziel.

Ich bin ein Teil des Ganzen und stehe als solches mit allen mir gleichartigen Teilen, in lebendigem Zusammenwirken. Darum bin ich mit nichts unzufrieden, was mir als einem Teil des Ganzen zugeteilt wurde und wird; kann doch nichts dem Teil schädlich sein, was dem Ganzen zuträglich ist. Das Ganze aber ist in Harmonie und enthält nichts, was ihm unzuträglich wäre.

Im gesamten Weltensystem gibt es nichts, was nicht dem Ganzen dient. Dies haben alle Wesen und alle Dinge miteinander gemein. Darum tue ich nichts, was dem Gemeinwohl abträglich wäre. Vielmehr richte ich mein ganzes Streben – mit steter Rücksicht auf meine Mitmenschen – auf das allgemeine Wohl. Ich weiß, dass mein Leben dann glücklich dahinfließen wird.

Wer tiefer sieht, erkennt überall die Spuren der göttlichen Vorsehung. Auch die zufälligsten Ereignisse sind bedingt durch die Verkettung und das Zusammenwirken gelenkter Ursachen. Mit der Vorsehung verknüpft sich sowohl die Notwendigkeit als auch das, was der Harmonie des Weltganzen dienlich ist, von dem jeder von uns ein Teil ist. Was mit dem Ganzen übereinstimmt und seinem Wohl dient, ist auch für jedes einzelne Teil gut und förderlich."

Darum auch bejaht der Weise sein Einssein mit allem, was lebt und sein Schicksal als Teil des auf Harmonie und Vollendung zielenden Schicksals der Welt – *im Geiste der Einheit.* Er lässt sich willig vom Gott in ihm leiten, der ein Funke ist aus dem Lichtmeer der Gottheit.

GOTT IN UNS

„Solange wir leben, ist Gott in uns. Nach dem Tode sind wir in ihm." – Ähnlich wie Seneca vermittelt es uns auch Ovid: „In jedem von uns wohnt ein Gott; wir erglühen durch seine Bewegung. Seine Gegenwart in uns macht uns frei, reich und allem überlegen, was weniger ist als Gott."

Senecas Gottesvorstellung ist universal: „Gott ist der Lenker und Erhalter des Alls, Seele und Geist der Welt, aber *ohne Namen:* Nennst du ihn ‚Schicksal', wirst du nicht irren; denn er ist aller Ursachen Verursacher, von dem alles abhängt.

Nennst du ihn ‚Vorsehung', tust du auch damit Recht, denn er ist es, in dessen Weltenplan Vorsorge getroffen ist, dass alles im Universum seine Bewegungen harmonisch ausführt und seine Bahn vollendet.

Nennst du ihn ‚Welt', ist auch das richtig, denn alles, was du siehst, ist seine Offenbarung. Sein Wesen lebt in allen Teilen; er ist es, der die Teile und das Ganze in Bewegung hält.

Nennst du ihn ‚Natur', begehst du auch damit keinen Fehler, denn er ist es, aus dem alles hervorging und durch dessen Geist alles lebt. ...

Aber ob du vom Schicksal, der Vorsehung, von der Welt oder der Natur sprichst oder Gott sonst einen Namen gibst – es ist nur der Name ein und desselben göttlichen Wesens, das sich auf verschiedene Weise äußert. Zugleich aber ist Gott ein Freund, der uns immer nahe ist, für den kein Tempel errichtet zu werden braucht, weil *wir selbst* **und** *die gesamte Welt der Erscheinungen* ein Tempel sind, weil er in unserem Inneren lebt und dort auch verehrt werden sollte.

Ja mein Freund: Das behaupte ich! – *Es wohnt in uns ein heiliger Geist, ein göttlicher Helfer, Beobachter und Wächter über alles Gute und Böse,* der uns so behandelt, wie wir ihn behandelt haben.

Wenn du einen Mann siehst, unerschrocken in Gefahren, unberührt von Leidenschaften, im Unglück gelassen, in Stürmen ruhig, jederzeit zufrieden und glücklich, die Götter neben sich wissend – wird dich nicht Verehrung gegen ihn ergreifen? – Wirst du nicht sagen, ein solches Wesen sei höher und größer als es dem Körper, in dem es wohnt, ähnlich sein könnte? –

Diese erhabene Seele, die alles Irdische als klein erachtet, *sie* bewegt eine himmlische Macht.

Deine Bestimmung und Aufgabe ist es, diese Macht auch in dir zur Herrschaft zu führen und dein ganzes Dasein dem Gott in dir zu weihen, damit er die Führung deines Lebens übernimmt. Dann wirst du wahrhaft zum Lebensmeister – zum Meister deines Lebens – und zum Selbstgestalter deines Schicksals!“

*

* *

* * *

Weitere Bücher von K. O. Schmidt:

Alles Lebendige kehrt wieder – Das Rad von Tod und Wiederkehr;
ISBN 978-3-7699-0586-1 • 264 Seiten, Softcover;

Das Buch vom Heiligen Gral – Der Dreistufenweg zum Gral;
ISBN 978-3-7699-0603-5 • 80 Seiten, Softcover;

Der kosmische Weg der Menschheit im Wassermann-Zeitalter;
ISBN 978-3-7699-0496-3 • 120 Seiten, Softcover;

Die Goldene Regel – Das Gesetz der Fülle;
ISBN 978-3-7699-0594-6 • 96 Seiten, Softcover;

Die Religion der Bergpredigt – als Grundlage rechten Lebens;
ISBN 978-3-7699-0616-5 • 208 Seiten, Softcover;

In Dir ist das Licht – Leben und Lehren von 49 Erleuchteten;
ISBN 978-3-7699-0457-4 • 400 Seiten, Hardcover;

Kraft durch Atmen – Einführung in die Praxis bewussten Atems;
ISBN 978-3-7699-0630-1 • 120 Seiten, Softcover;

DÀO – Die Lehre vom Dáo • von Dschuang-Dsï • erläutert von K. O. Schmidt • neu gegliedert, ergänzt und neu herausgegeben von Manuel Kissener; ISBN 978-3-945501-00-9 • 96 Seiten, Softcover;

SENECA – der Lebensmeister – Ein Intensivkurs weiser Lebenskunst
ISBN 978-3-7699-0609-7 • 120 Seiten, Softcover;